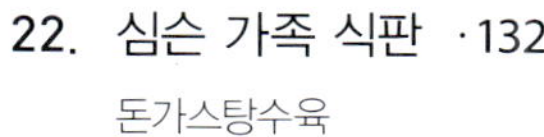

더 즐겁고, 더 건강한 우리 아이 캐릭터 식판식

학창 시절의 즐거운 추억 하나는 집으로 돌아가는 길이었습니다.

집이 가까워질수록 조금씩 풍기던 엄마의 음식 냄새와 주방의 온기, 뚝딱거리던 도마 위의 칼질 소리, 요란하게 들리던 밥솥의 딸랑거리는 소리.

그것은 하루 동안의 학업 스트레스를 없애 줄 만큼 커다란 위안이었습니다.

엄마는 늘 주방에서 저녁을 준비하셨습니다. 지금도 가끔 친정에 갈 때면 그때 그 시절 느꼈던 주방의 온기가 참 포근합니다.

그 뒤로 아이들에게 이 온기를 전해 주고 싶은 마음이 커졌습니다.

“보기 좋은 떡이 먹기도 좋다”라는 옛말을 자주 들어보셨나요?

아이들은 단순함보다 눈에 띄는 화려함을 좋아합니다. 같은 사탕이라도 더 예쁜 포장지로 싸인 사탕을 고르지요.

정신없는 아침을 맞이하는 엄마들은 시리얼이나 과일, 밥과 국 정도의 간단한 상을 차려 주곤 합니다. 어린이집에서 점심을 먹고 오는 아이들에게는 엄마가 차려 주는 저녁 한 끼가 ‘진짜 밥상’인 셈이지요.

이런 아이들에게 어떻게 하면 더 즐겁고 식사다운 식사를 차려 줄까 고민한 결과가 바로 《캐릭터 식판식》입니다.

아이의 입에 들어가는 한입은 세상에서 가장 작을지라도 가장 큰 기쁨이라 생각하는 마음을 이 책에 담았습니다.

아이의 한입에는 싱싱한 재료, 잘 먹어 주기를 기대하는 엄마의 간절한 레시피, 아프지 않고 쑥쑥 크기를 기도하는 마음이 들어가야 합니다. 세상에서 가장 의미 있는 모두를 담아서 말이지요.

작은 한입으로 먹는 아이의 식판에는 기쁨과 건강을 주고 먹는 즐거움을 느낄 수 있게 하는 캐릭터를 그려 냈습니다.

조금이라도 내 아이에게 건강한 요리를 먹일 수 없을까?

아이가 먹는 즐거움을 익히며 가족이 함께 행복해질 수 없을까?

이런 고민 끝에 나온 "맛있는 밥을 재미있게 차려 주자!"라는 생각을 여러분과 함께 나누고자 합니다.

이 책에서 소개하는 캐릭터들은 아주 화려하거나 정교하지는 않을지도 모릅니다. 그렇더라도 어머님들이 집에 있는 간단한 재료로 아이들의 호기심을 자극할 멋진 밥상을 이 책을 통해 쉽게 꾸미기를 바랍니다.

문채연

스케치 1

캐릭터 식판 요리, 이렇게 준비하세요!

하루하루 커 가는 우리 아이의 끼니.
허투루 챙길 수 없지요?
직장이 있는 엄마들은 시간 여유가 많이 부족합니다.
외출은 꿈도 꿀 수 없이 정신없는 하루가 이어집니다.
아이들을 매일 사 먹이거나 대충 먹일 수도 없는 노릇이지요.
소중한 우리 아이들의 건강과 식단에 필요한
'5가지 준비'를 정리했습니다.

미리 준비하는 육수

모든 음식에서 '육수'는 기본입니다. 국은 물론, 조림이나 볶음 요리 등에는 육수가 꼭 필요합니다. 육수는 준비하는 데에 많은 시간이 들어가므로 주말에 미리 끓여서 냉장고에 보관해 두세요. 식사를 준비할 때 유용하게 쓰입니다. 단, 육수는 5일 이내로 사용해주세요.

멸치와 다시마를 끓인 육수가 기본으로 쓰입니다. 좀 더 깊은 맛을 낼 때는 닭 육수나 고기 육수를 써도 좋습니다. 표고버섯이나 황태 등도 번갈아 쓰면 더 좋습니다. 육수는 주로 그날 준비하는 주된 국의 종류를 따라가면 좋습니다. 이를테면 황태콩나물국에는 황태 육수를, 소고기미역국이나 소고기뭇국에는 고기 육수를 쓰면 좋습니다. 이 책에서는 국 종류 대부분에 주로 멸치 다시마 육수를 썼습니다.

구수한 맛을 내는 멸치 다시마 육수

깊은 맛을 주는 고기 육수

미리 챙기는 밑반찬

이 책에서는 식판 하나에 '고기류, 채소류, 국, 김치류' 네 가지가 꼭 들어갑니다. 식판에 담을 반찬은 바로바로 만들기에는 시간 여유가 없습니다. 반찬 한두 가지 정도는 미리 만들어 두면 편리합니다.

나물 종류는 다듬어서 삶는 작업을 미리 해 두면 편합니다. 보관 시간이 길어도 괜찮은 멸치볶음이나 장조림 등의 반찬들은 미리 챙겨 두면 좋습니다.

미리 데쳐 둔 나물 반찬.

캐릭터 구상도 미리미리!

밥 위에 올릴 캐릭터도 미리 생각해 둡니다. 아이들이 좋아하는 만화 캐릭터나 동물, 장난감 등에서 캐릭터 아이디어를 얻습니다. 달걀·슬라이스 햄·김·치즈·케첩 등으로 간단하고 재미있는 캐릭터들을 만들 수 있습니다.

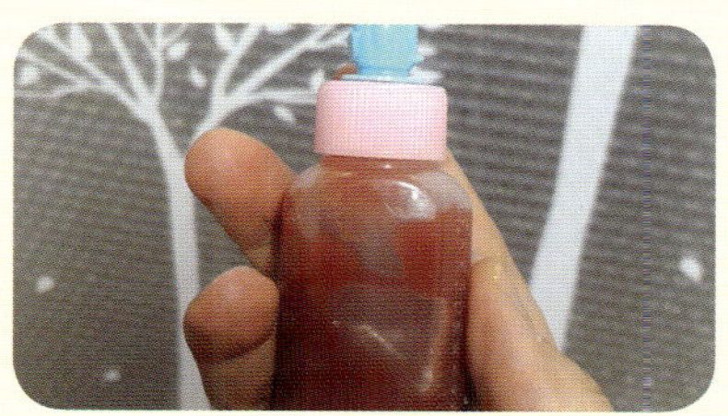

미리 짜는 보상 식판

아이들에게 사탕이나 초콜릿, 젤리 등은 많이 먹으면 좋지 않은 음식이 분명합니다. 그렇다고 아예 안 먹이는 것도 좋은 일은 아닙니다. 먹고 싶은 과자를 먹지 못하게 막으면 아이들에게 스트레스를 주는 일이기 때문이지요.

일주일에 하루, 혹은 한 달에 한두 번 정도 '보상의 날'을 주면 어떨까요?

아이들이 잘 먹지 않는 채소를 잘 먹을 때 보상을 1가지씩 해 주세요. 작은 선물은 아이들에게 먹는 즐거움을 줄 테니까요.

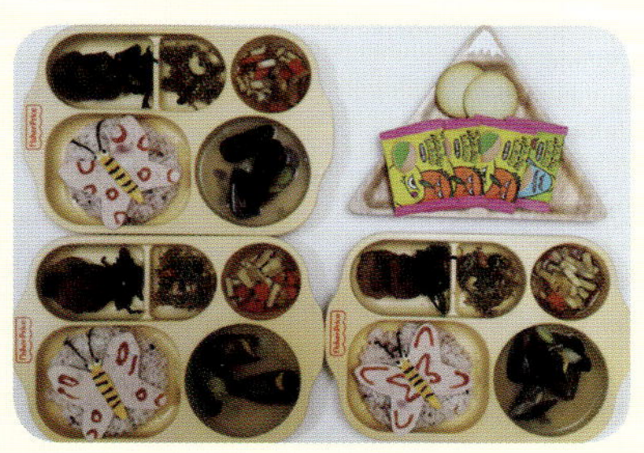

엄마의 휴식도 챙기자!

엄마는 로봇이 아닙니다. 힘들고 아픈 날도 있습니다. 그럴 때는 쉬어 주세요. 간단한 볶음밥 요리나 반찬 가게 이용도 엄마의 요리 부담을 낮추는 좋은 방법입니다. 엄마가 행복해야 아이도 행복하니까요.

CHARACTER COOKING

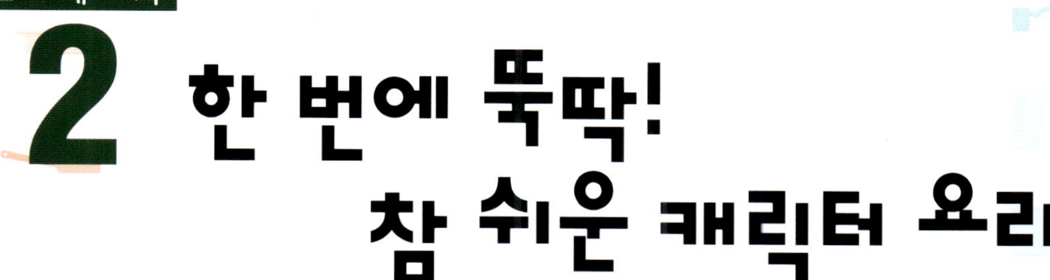

스케치

2 한 번에 뚝딱! 참 쉬운 캐릭터 요리

식판 요리에서 캐릭터를 만들 때
순서를 정하면 요리 시간이 줄어듭니다.
먼저 음식이 최대한 식지 않도록
식판 위에 반찬을 먼저 담아 주세요.
그리고 밥을 담은 다음 모양을 만들고
마지막으로 국을 담습니다.
이 순서대로 하면 예쁘고 따끈따끈한
식판이 완성됩니다.
캐릭터의 아이디어를 얻을 수 있는 팁은
다음에서 살펴보세요.

캐릭터의 기본! 눈, 코, 입 만들기

캐릭터는 간단한 재료로 쉽게 만들 수 있습니다. '눈, 코, 입'만 들어가도 생생한 캐릭터가 만들어집니다. 손쉽게 구할 수 있는 '김' 하나만 있으면 충분합니다. 아이들은 김으로 눈, 코, 입 모양만 잘라 밥 위에 붙여 줘도 좋아해요. 얼굴이 있는 밥을 대할 때 훨씬 흥미로워합니다. 밥에 '표정'만 줘도 식사 시간에 작은 기대감을 줄 수 있습니다.

캐릭터의 기본! 동물 모양

아이들이 말을 배울 때 먼저 '꿀꿀', '멍멍'과 같이 동물 의성어를 접합니다. 캐릭터 요리도 마찬가지입니다. 아이들이 좋아하는 동물 모양으로 기본을 만들 수 있습니다.
"오늘은 '토끼' 밥이야."
"오늘은 '오리' 밥을 먹어 볼까?"
자연스럽게 요리를 보면서 동물 이름을 익힐 수도 있어 아이가 식사 시간을 기대하며 즐거워합니다.

장난감과 만화 캐릭터

아이가 자동차 장난감을 좋아한다면 교통 표지판을 요리해 주세요. 너무 복잡한 모양보다 달걀이나 김 등으로 쉽게 만들 수 있는 캐릭터가 좋습니다.

일과는 캐릭터의 좋은 소재!

특별한 경험을 했던 하루라면, 그날의 기억을 요리해 보세요. 이를테면 그날 했던 두더지 게임을 요리로 만들어 보는 것입니다. 공원에 놀러 갔다면 그날 보았던 꽃이나 나무 등이 좋은 캐릭터 소재일 수 있고 비가 오거나 눈이 내렸던 날도 좋은 요리 아이디어일 수 있어요.

기본 재료로 꾸미는 캐릭터

캐릭터 요리에는 달걀, 김, 케첩이 가장 많이 쓰입니다. 흰자와 노른자를 나누면 흰색과 노란색을 만들 수 있습니다. 케첩은 비어 있는 깨끗한 약병 등에 담아서 쓰면 모양을 만들기 훨씬 쉽습니다. 슬라이스 햄은 끓는 물에 5분 정도 데쳐서 사용해 주세요. 이외에 치즈와 당근, 브로콜리 등도 좋은 꾸미기 재료입니다.

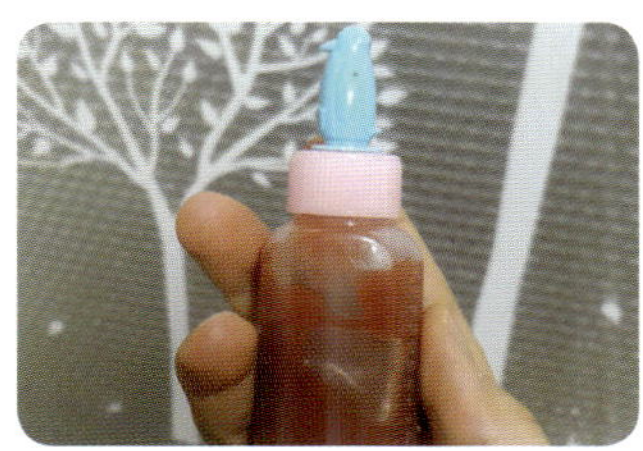

너무 많아도 힘들어요!

캐릭터 요리라고 하면 많은 사람이 부담을 느끼고는 합니다. "나는 그림을 못 그리는데…"라는 말도 많이 하지요. 식판에 들어가는 모든 요리를 전부 캐릭터로 표현하지 않아도 괜찮아요! 식판 하나당 하나의 캐릭터를 올리는 게 준비하기도 편하고, 아이들 집중도도 더 높아요.

밥상을 차리기 전에?

시간 여유가 있는 주말에 다음 사항들을 준비해보세요! 우리 아이를 위한 정성스러운 저녁상을 차리기 훨씬 쉬워질 거예요.

미리 짜는 한 달 치 식단표

아이의 식단 때문에 어머니들의 고민은 커져 갑니다. 그럴 때 식단표를 미리 짜면 어떨까요? 그날그날 무엇을 요리해 줄지 고민이 줄어듭니다. 식단표 짜기가 어렵다면 어린이집에서 달마다 주는 식단표를 참고해 보세요. 아이의 영양을 따지고 여러 재료를 썼다는 데서 아이디어를 얻을 수 있습니다.

장보기와 재료 손질은 미리미리!

식단표에 따라 장을 보고 채소들은 미리 손질해 둡니다. 생선이나 육류 등은 그날 사서 바로 조리해야 가장 좋습니다. 바로 조리하기 힘들다면 미리 사 놓고 작게 나누어 냉동에서 보관합니다. 모든 재료는 한 끼 양으로 사 두기 힘듭니다. 일주일 치 재료를 한 끼 양으로 나눠 보관하면 다음에 같은 재료를 다시 사지 않아도 됩니다.

신선도를 유지하기 힘든 재료들은 손질해서 냉동실에 보관하세요. 하루 전날 냉장실에 옮겨 주면 자연해동이 됩니다. 다져야 하는 재료들도 미리 다져서 얼려 두면 시간을 아낄 수 있습니다. 재료를 손질할 시간마저 없다면 마트에서 판매하는 손질 채소를 이용해도 좋습니다.

3인분으로 준비한 채소와 육류.

월요일	화요일	수요일	목요일	금요일
두부된장국 돼지불고기 콩나물무침 깍두기	어묵뭇국 애호박새우볶음 고등어구이 백김치	소고기미역국 두부간장조림 가지나물볶음 옥수수전	황태콩나물국 떡갈비 시금치나물 조미김	햄볶음밥 순두부달걀탕 숙주나물무침 백김치

월요일	화요일	수요일	목요일	금요일
감잣국 메추리알장조림 맛살피망전 귤샐러드	냉이된장국 돈가스 브로콜리참깨소스 깍두기	소고기배춧국 돼지갈비찜 참나물무침 백김치	수제비 양념도토리묵 견과류멸치볶음 요거트	소고기볶음밥 조갯살국 오이무침 요구르트

월요일	화요일	수요일	목요일	금요일
굴미역국 삼치구이 감자조림 백김치	안 매운 김치찌개 버섯잡채 달걀프라이 과일	양송이수프 생선가스 맛살샐러드 깍두기	홍합탕 햄스크램블드에그 들깨시금치나물 김자반	미소된장국 닭고기장조림 미역줄기볶음 백김치

월요일	화요일	수요일	목요일	금요일
시금치된장국 소고기장조림 치즈달걀말이 깍두기	콩비지찌개 두부강정 감자조림 백김치	매생이떡국 갈치구이 콩나물무침 사과샐러드	참치볶음밥 콩나물국 고구마맛탕 요구르트	맑은새우국 햄버그스테이크 상추사과무침 오렌지 주스

CHARACTER COOKING

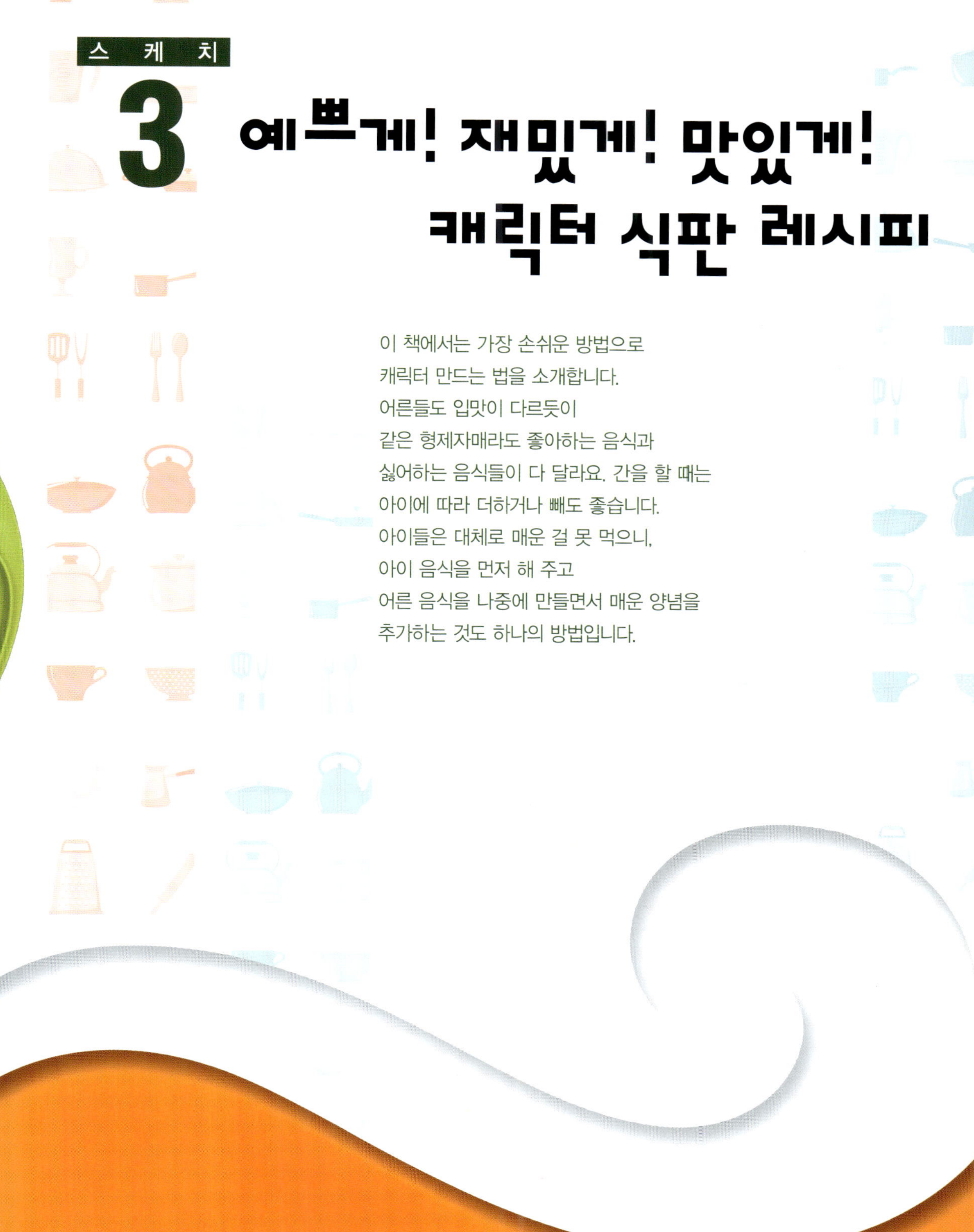

스 케 치

3 예쁘게! 재밌게! 맛있게! 캐릭터 식판 레시피

이 책에서는 가장 손쉬운 방법으로
캐릭터 만드는 법을 소개합니다.
어른들도 입맛이 다르듯이
같은 형제자매라도 좋아하는 음식과
싫어하는 음식들이 다 달라요. 간을 할 때는
아이에 따라 더하거나 빼도 좋습니다.
아이들은 대체로 매운 걸 못 먹으니,
아이 음식을 먼저 해 주고
어른 음식을 나중에 만들면서 매운 양념을
추가하는 것도 하나의 방법입니다.

1 피아노 식판

"김을 크기별로 잘라서 만드는 피아노 건반 모양!"

김에 있는 수용성 식이섬유 '포피란'은 노폐물을 내보내 항균과 항종양 효과에 좋습니다. 조미김은 맛도 좋아서 아이들이 다른 반찬 없이도 밥과 함께 잘 먹는 반찬이에요. 지금부터 간단하게 김으로 만들 수 있는 캐릭터 '피아노'를 만들어 보겠습니다. 그저 잘라서 붙이기만 하면 됩니다!

엄마의 피아노 스케치!

❶ 김밥용 김을 식판에 놓일 밥의 세로 길이에 맞게 약 5mm의 폭으로 6~7조각, 세로 길이의 절반 길이로 약 1.5cm의 폭으로 5조각 잘라 주세요.

❷ 밥을 직사각형 모양으로 펴 담고 그 위에 5mm 폭으로 자른 김 조각을 같은 간격으로 올리세요.

❸ 그 위에 1.5cm 폭으로 자른 김 조각을 피아노 건반 모양으로 올려 주세요.

단백질과 비타민이 풍부해 아이들 영양 지키는 건강 식단

메뉴

소고기알배춧국
★ 카레고등어구이
콩나물무침
★ 견과류두부강정

이런 아이에게 좋아요!

피아노 캐릭터 요리는 밥을 깨작거리는 아이들에게 놀이처럼 활용할 수 있습니다. 피아노 건반의 도레미파솔라시를 알려 주며 건반 모양 밥을 먹일 때마다 아래처럼 칭찬해 주세요.

"도, 레, 미, 파, 솔, 라, 시를 다 먹으면 베토벤 아저씨처럼 피아노를 멋지게 칠 수 있어!"

이 식단은 두부를 잘 먹지 않는 아이에게 권해 드려요. 두부로 조림이나 구이를 해 줘도 먹지 않는다면 '강정'으로 만들어 보세요. 이는 제과점에서 파는 두부 스틱 과자를 잘 먹는 아이들의 성향을 고려한 것입니다. 전분 가루를 이용해서 스틱 과자처럼 바삭한 두부 강정을 만들어 주면, 바삭하고 달콤한 맛에 빠져 두부를 잘 먹는답니다.

카레고등어구이

| 재료는? |

고등어 1마리, 튀김 가루 1큰술, 카레 가루 0.5큰술, 식용유 3큰술

가을과 겨울이 제철인 고등어는 단백질, 비타민 D·E·B·DHA가 풍부해 뇌의 발달이 중요한 아이들에게 좋은 영양식입니다. 고등어를 먹이고 싶지만, 비린내가 걱정이신가요? 카레 가루를 곁들어 구워 주면 비린내를 없앨 수 있습니다.

이때 소금 간은 조금만 하세요. 굽기 1시간 전에 미리 간을 하면 염분이 고등어에 자연스럽게 배어 맛이 더 담백해집니다.

❶ 잘 손질된 토막 고등어를 요리하기 1시간 전에 소금 간을 약간 해 주세요.
❷ 튀김 가루와 카레 가루를 각각 1 : 0.5의 비율로 섞어 고등어에 골고루 묻혀 주세요.
❸ 프라이팬에 기름을 두르고 구워 주세요.
❹ 표면의 카레 가루가 금방 탈 수 있으니 중불로 굽기 시작해 5분 간격으로 앞, 뒤 두 번씩 구워주시면 좋습니다.

견과류두부강정

| 재료는? |
두부 $\frac{1}{2}$모,
전분 가루 5큰술,
식용유 3큰술,
올리고당 1큰술,
견과류 2큰술

두부는 약 8% 정도가 단백질로 이루어져 있습니다. 성장 발달에 필요한 아미노산·칼슘·철분 등 무기질이 많아 아이들에게 특히 좋은 식품이기도 합니다. 두부를 잘 먹지 않는 아이들에게 바삭하고 달콤한 강정 요리를 선물해 보세요.

1

2

3

4

❶ 두부를 아이가 먹기 좋은 크기로 잘라 주세요.

두부가 부서지지 않으면서도 먹기 좋은 크기는 가로와 세로 약 2cm 정도가 적당합니다.

❷ 자른 두부에 전분 가루를 골고루 묻혀 주세요.

전분 가루는 수분에 달라붙어 두부 겉의 물기를 빠르게 빨아들입니다. 기름에 튀기면 과자처럼 바삭해져서 아이들이 두부인지 모르고 맛있게 먹을 수 있어요.

❸ 팬에 기름을 두르고 2번의 두부를 튀겨 주세요.

❹ 3번의 두부가 노릇노릇해지면 불을 끄세요. 견과류와 올리고당 1스푼을 두르고 빠르게 저어 튀긴 두부에 양념해 주세요.

스트로베리초코라테

아이들이 좋아하는 딸기로 만든 디저트!
아이와 함께 딸기를 자르고 꾸밀 수도 있어서 더 좋아요!

아이들은 배불리 먹고도 돌아서면 또 먹을 것을 찾습니다. 워낙 움직임이 많으니 당연한 일일지도 모릅니다. 그럴 때마다 과자나 사탕 같은 간식을 자꾸 줄 수 없어 고민이라면 2~3월 제철인 딸기로 달콤한 디저트를 만들어 주세요. 포크로 딸기를 찍어 생크림을 묻혀 먹는 아이들의 표정을 보면 만들어 주는 엄마 얼굴에도 미소가 번지지요. 우리 집의 대표 디저트 메뉴를 만들어 보세요!

스트로베리초코라테는 ……

딸기는 아이들이 참 좋아하면서 피부 건강에 좋은 과일이기도 합니다. 항산화 물질인 안토시아닌이 풍부해 혈관을 깨끗하게 해 주고 염증을 막아 주기도 합니다. 비타민 C도 풍부해 눈 건강에 도움을 주기도 해요. 다만, 껍질이 얇아 상하기 쉬우니 공기가 통하는 상자에 꼭지를 떼지 않고 담아서 1~5도의 냉장고에서 보관하세요.

잘 익은 딸기를 우유와 함께 갈아 코코아를 섞어 주면 카페에서 파는 디저트 못지않은 엄마표 딸기라테가 완성된답니다.

| 재료는? |

딸기 7~8알, 우유 60ml, 핫초코 가루 17g, 생크림

1. 딸기와 우유, 핫초코 가루 등 재료를 준비합니다.
2. 딸기와 우유를 믹서에 넣고 건더기가 없을 정도로 곱게 갈아 주세요.
3. 컵에 얼음을 $\frac{1}{3}$ 정도 채우고 2번 재료를 부어 주세요.
4. 핫초코 가루를 따뜻한 우유 60ml에 잘 녹이세요. 그다음 3번 재료 위에 붓고 생크림과 딸기 조각을 올려 주세요.

2 꼬꼬닭 식판

"치즈와 자른 김, 케첩으로 그려 낸 암탉 캐릭터!"

닭고기는 밥상에 아주 흔하게 등장하는 재료입니다. 하지만 닭고기가 어떤 고기인지 잘 모르는 아이들이 생각보다 많습니다. 이번 요리는 아이들에게 익숙하지 않은 백숙을 더 친근하게 느끼도록 암탉으로 캐릭터를 만들어 보았습니다.

"꼬꼬닭이 밥을 잘 먹는지 잘 안 먹는지 눈을 크게 뜨고 보고 있어."

이런 말과 함께 밥을 먹이니 참 재미있어합니다. 남자아이들보다 고기를 잘 먹지 않는 여자아이들에게 친근한 캐릭터로 고기 호기심을 높여 주세요.

엄마의 꼬꼬닭 스케치!

❶ 어린이용 치즈를 잘라 암탉 머리를 만들어줍니다.

❷ 김밥용 김을 반으로 접어 점선 모양으로 자르면 동그란 눈 부분이 완성됩니다. 눈썹과 눈동자 모양도 잘라 주세요.

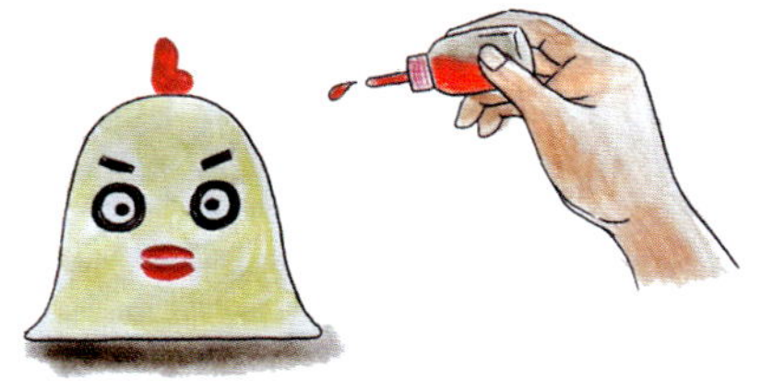

❸ 밥 위에 암탉 머리 치즈를 올리고 그 위에 눈썹과 눈, 눈동자를 붙여주세요. 약병에 담아 둔 케첩으로 벼슬과 부리를 그려주면 완성됩니다.

뜨끈한 국물로 기운을 북돋워 주는 든든 식단

메뉴

★ 닭백숙
★ 해물채소전
★ 고구마스틱

이런 아이에게 좋아요!

이 식단은 해물이나 채소를 좋아하지 않은 아이에게 좋습니다. 해물과 채소를 알아보지 못하도록 잘게 잘라서 전으로 부쳐 주세요. 충분히 두른 기름으로 전을 바삭하게 구워 주면 아이들의 입맛을 사로잡을 수 있습니다. 채소 전을 더 잘 먹이려면 전을 찍어 먹을 소스를 준비해 주세요. 케첩을 좋아한다면 케첩을 주어도 좋습니다.

아이들은 과자와 비슷한 긴 막대 모양을 좋아하는 성향이 있어요. 찐 고구마를 잘 먹이고 싶다면 길게 잘라서 스틱으로 튀겨 주면 좋아해요.

닭백숙

| 재료는? |

생닭 9호 1마리,
닭백숙 국물용 약재
(대추, 밤, 황기, 삼,
헛개나무 등),
통마늘 약 10알,
찹쌀 80g,
다진 대파 1큰술,
소금과 후추

불포화 지방산인 '리놀레산'은 닭고기에 많이 함유가 되어 있답니다. 닭은 기름에 튀겨서 먹기보다는 삶아서 먹을 때 건강에 더 좋다고 알려져 있지요. 닭고기 자체는 몸을 따뜻하게 해 주는 음식으로 소화에 좋습니다. 소화 기능이 약한 아이들에게 추천하는 음식이에요. 또 뼈와 세포의 생성, 두뇌 발달에도 좋아요. 닭 요리는 아이들이 좋아하면서도 영양이 높아 많이 쓰이는 재료랍니다.

1

2

3

4

❶ 대추를 비롯한 여러 약재를 깨끗이 손질합니다.
❷ 1번에서 손질한 약재를 삶기 주머니에 넣습니다.
❸ 물에 삶기 주머니를 넣고 30분 정도 끓여 줍니다.
❹ 닭의 배 속에 찹쌀과 마늘, 견과류 등을 넣어 줍니다.

아이의 취향에 따라 견과류는 넣지 않아도 좋아요. 생닭은 기본 손질이 되어 있으니 지방이 많은 부분만 기호에 따라 제거해 주세요.

❺ 3번에 닭을 넣고 1시간 정도 푹 끓여 준 뒤 다진 대파를 넣고 소금으로 간을 합니다.

해물채소전

| 재료는? |

오징어 몸통 $\frac{1}{3}$마리,
조갯살 50g,
새우살 50g,
당근 $\frac{1}{3}$개,
양파 $\frac{1}{2}$개,
호박 $\frac{1}{3}$개,
부추 한 줌,
달걀 1개,
부침 가루 300g,
물 480ml

오징어, 새우, 조개 등 싱싱한 해물은 아이들이 성장하는 데에 큰 도움을 줍니다. 또한 피를 맑게 해 주는 효과도 있답니다. 그런데 해물 특유의 비린 맛과 질긴 식감은 아이들이 먹기에 조금 버거울 수 있어요. 잘 손질한 해물을 조리하기 약 10분 전에 레몬 즙을 골고루 뿌려 주면 비린내를 없앨 수 있습니다. 해물을 잘게 잘라서 손질한 채소와 함께 전을 만들어 주세요. 고소하고 쫄깃한 식감 덕분에 아이들이 거부감 없이 잘 먹을 수 있어요.

❶ 오징어와 조개, 새우 등을 먹기 좋은 크기로 잘라 줍니다.
양파, 당근, 애호박, 부추 등은 세로 길이 3cm 정도로 잘라 손질해 줍니다.

❷ 볼에 부침 가루와 달걀, 물을 넣어 잘 섞어 준 뒤 1번의 손질 재료를 모두 넣어 섞어 줍니다.

어른 수저로 반죽을 떠서 떨어뜨렸을 때, 약 5초가 걸릴 정도의 묽기가 가장 좋습니다.

❸ 팬에 기름을 두르고 예쁘게 부쳐 주세요.

❹ 부친 전은 키친타월 위에 놓고 기름기를 약간 빼 줍니다.

고구마스틱

| 재료는? |

고구마 중간 크기 2개,
찬물 300ml,
식용유 5큰술,

섬유질이 많은 고구마는 배변 활동을 도와줍니다. 변비가 있는 아이들에게 특히 좋은 음식이에요. 고구마에는 시력을 강화해 주는 베타카로틴이 많고 에너지 대사를 높여 주는 칼륨이 풍부합니다. 고구마를 먹으면 식욕이 늘고 피로 해소에도 도움이 돼요.

❶ 잘 씻은 고구마는 껍질째 채를 썰어 주세요.

고구마의 껍질은 식이섬유나 베타카로틴이 풍부하니 껍질째 요리하는 것을 추천해요.

❷ 1번의 고구마를 찬물에 10분 정도 담가 전분을 빼세요.

전분을 빼지 않고 요리해도 괜찮습니다. 다만 바로 기름에 튀기면 식었을 때 고구마 겉에 전분 가루가 끼어 먹을 때 약간 텁텁할 수 있습니다.

❸ 고구마가 잠길 정도로 팬에 기름을 두르고 골고루 튀겨 주세요.

❹ 3번 고구마를 키친타월에 넓게 펴서 빠르게 식혀 주세요.

MEMO

3 주사위 식판

"정사각형으로 빚은 밥 위에 검정콩으로 만든 주사위 요리!"

반찬만 먹고 밥을 잘 먹지 않는 아이가 고민이신가요? 주사위 모양으로 밥을 만들어 보세요. 주사위는 아이들에게 흔한 장난감이자 좋은 교구라 친숙함을 줄 수 있습니다. 콩을 먹지 않는 아이들에게도 주사위 모양으로 밥을 만들어 주면 콩에 호기심을 느낄 거예요. 검정콩이 아닌 달콤한 건포도나 말린 블루베리를 써도 좋습니다. 주사위 밥은 스스로 주사위 점을 붙이면서 밥을 먹도록 하는 방법으로 아이에게 즐거움을 주기도 합니다.

엄마의 주사위 스케치!

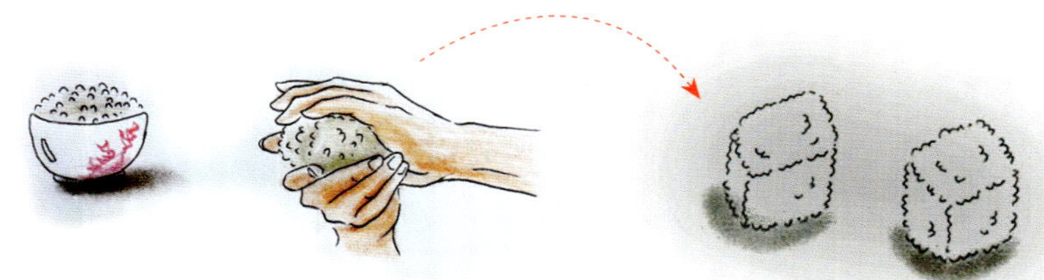

❶ 밥을 빚어 주사위 모양 큐브를 만들어 주세요.

손에 위생 비닐장갑을 끼면 더 좋습니다.

❷ 식판 위에 큐브 모양의 밥을 놓고 익힌 서리태로 점을 만들어 주세요.

아이와 함께 서리태를 붙이며 놀이로 생각하게 만들면 좋아요!

싫어하던 음식도 좋아하게 만드는 취향저격 식단

| 메뉴 |

★ 버섯잡채
수제 떡갈비
채소달걀찜
★ 어묵꼬치탕

이런 아이에게 좋아요!

대체로 색깔이 검붉은 콩은 아이들이 싫어하는 음식 가운데 하나입니다. 게다가 콩 특유의 고소한 맛을 텁텁한 맛으로 느껴 거부하는 아이들도 많지요. 또 다른 이유로는 콩껍질이 주는 미끌거리는 느낌이 싫다고 이야기하는 아이들도 많습니다. 색·맛·느낌 모두 싫어하는 아이들에게 주사위 밥은 좋은 캐릭터 요리입니다. 콩은 싫은 음식이라는 인상이 박혀 버린 아이들에게 호기심과 흥미를 주어 밥과 콩을 먹게 하는 것이지요. 아이들의 생각을 싫다에서 좋다로 바꿔 줘야 합니다.

버섯잡채

| 재료는? |

당면 300g,
느타리버섯 300g,
당근 $\frac{1}{2}$개,
양파 1개,
시금치 $\frac{1}{3}$단

간장 2큰술,
설탕 1작은술,
참기름 적당량,
깨소금 적당량

우리 고유의 음식인 잡채는 몸에 필요한 5대 영양소(단백질, 지방질, 당질, 비타민, 미네랄)가 골고루 들어 있습니다. 채소를 잘 먹지 않는 아이들도 당면과 함께 볶은 고소한 잡채는 정말 좋아하는 음식입니다. 먹고 남은 잡채는 잘게 잘라 밥과 함께 볶음밥을 만들 수도 있어 남길 걱정 없는 유용한 요리이지요.

1. 양파·당근·느타리버섯은 먹기 좋은 두께로 채를 썰어 준비합니다.
2. 각 재료를 프라이팬에 볶아 준비하고 시금치는 데쳐서 물기를 꼭 짠 뒤 준비합니다.

   느타리버섯을 볶을 때는 간장과 올리고당을 약간씩 넣어서 볶아 주세요.

3. 끓는 물에 식용유를 1작은술 넣고 당면을 삶아 주세요. 당면이 익으면 채에 밭쳐 물기를 빼고 김만 식혀 주세요.

   식용유를 넣고 삶으면 당면이 서로 엉겨 붙는 것을 막고 식감을 더 쫄깃하게 해 줍니다.

4. 넓은 볼에 모든 재료를 넣고 양념장을 넣어 조물조물 섞어 주세요.

어묵꼬치탕

| 재료는? |

납작 어묵 300g,
꼬치 9~10개,
멸치다시마육수 1000ml,
국간장 1큰술,
다진 대파 1큰술

생선 살이 주인공인 어묵은 단백질과 필수 아미노산이 많은 데다 소화가 잘되는 음식입니다. 특히 생선에 든 불포화 지방산은 혈관의 콜레스테롤을 없애 주기도 합니다. 어묵은 다양하게 요리할 수 있는 재료입니다. 어묵을 그대로 요리하기보다 꼬치에 꽂아 주면 아이들이 더 재미있게 먹을 수 있어요.

❶ 어묵은 약 3cm×5cm 정도 크기로 잘라 꼬치에 주름을 잡아 꽂아서 준비해 둡니다.

❷ 육수가 끓으면 어묵꼬치와 대파를 넣고 국간장으로 간을 맞춥니다.
어묵은 너무 끓이면 흐물흐물해지므로 빨리 건져 냅니다.

어묵 탕에는 시원한 맛을 위해 멸치 다시마 육수가 더 잘 어울립니다. 조림할 때는 보통 진간장을 쓰지만, 국의 간을 맞출 때는 국간장이나 새우젓, 소금 등이 더 잘 어울려요.

4 무지개 식판

"알록달록한 색이 오감을 자극하는 무지개 모양 요리!"

채소를 잘 먹지 않는 아이들에게 여러 재료를 사용해 무지개를 꾸며 요리해 주세요. 낯선 파프리카나 당근, 오이 등은 그냥 주기보다 얇은 스틱으로 주면 잘 먹일 수 있습니다. 보기만 해도 예쁜 무지개는 아이들이 적은 양이나마 채소를 먹게끔 도와줄 수 있습니다.

엄마의 무지개 스케치!

❶ 달걀을 흰자와 노른자로 분리한 뒤 지단을 부칩니다.

흰자와 노른자를 나누기 어렵다면 작은 물컵에 달걀을 통째로 깨서 넣고 수저로 노른자만 뜨면 쉽게 분리할 수 있답니다.

❷ 무지개 모양은 차례대로 케첩·당근·노른자 지단·깻잎으로 잘라 밥 위에 올립니다.

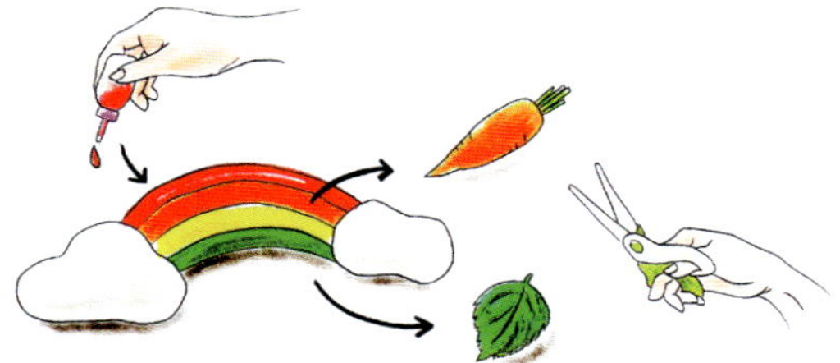

❸ 흰자 지단을 구름 모양으로 잘라 올려 주면 완성됩니다.

채소를 맛있게 먹고 몸은 건강하게 만드는 활력 식단

메뉴

★ 저염해물된장국

★ 소갈비찜

채소스틱

이런 아이에게 좋아요!

몸에 좋다는 채소를 먹이려는 어머니들의 노력이 참 눈물겹습니다. 고기보다는 채소를 먹어야 건강에 좋다고 생각하실 거예요. 여기에서 놀라운 사실을 하나 소개합니다. 아이들은 독성이 있고 섬유질이 많은 채소는 잘 소화하지 못합니다. 아이들의 몸과 장기가 다 자란 상태가 아니기 때문에 채소의 섬유질 분해를 버거워합니다. 당연히 채소를 거부하는 몸짓이 음식을 가려 먹기로 나타나는 것이지요. 그렇지만 채소를 먹이지 않을 수 없는 노릇. 아이들의 눈을 사로잡을 만큼 멋진 무지개로 흥미를 키워 주면 어떨까요? 건강을 위한 적당량을 섭취할 수 있도록 아이들의 시각적인 거부감부터 없애 보겠습니다.

소갈비찜

| 재료는? |

소갈비 1kg,
당근 1개,
감자 1~2개,
양파 1개,
대파 1대,
멸치 다시마 육수 300ml,
물 150ml,
통깨

—

진간장 7작은술,
배즙 7작은술
(또는 설탕 2작은술),
맛술 3작은술,
다진 마늘 1작은술,
다진 생강 0.5작은술,
참기름 2작은술,
된장 0.5작은술,
후추

단백질이 풍부한 소갈비는 활동이 많은 아이들의 체력을 보충하는 좋은 음식입니다. 구운 소고기는 다소 질겨 아이들이 먹기에 무리가 있습니다. 하지만 푹 찐 소갈비는 살이 부드러워 아이들에게 그만입니다. 소갈비는 국내산이든 외국산이든 상관없습니다. 소갈비를 고를 때 살이 붉고 지방질이 선명한 흰색을 추천합니다. 갈빗살 사이사이에 지방이 고루 낀 것이 육질이 부드럽습니다.

1

2

3

4

5

❶ 갈비는 찬물에 담가 1시간 이상 핏물을 뺍니다.

핏물을 최소 1~2시간 빼야 육질이 부드러워지고 불순물이 없어집니다. 핏물을 빼지 않고 조리하면 불순물 섞인 거품이 올라오고 비린내가 날 수 있습니다.

❷ 갈비의 핏물을 빼는 동안 채소를 손질합니다. 채소가 부서지는 것을 막기 위해 둥글게 손질해 주세요. 기호에 따라 밤과 대추 등을 넣어도 좋습니다.

❸ 양념장을 만들고 핏물을 뺀 갈비는 끓는 물에 삶아서 불순물을 걸러 주세요.

❹ 냄비에 멸치 다시마 육수 300ml와 물 150ml을 넣고 모든 재료와 양념장을 넣어 1시간 푹 쪄

센 불에서 30분, 중간 불에서 20분, 약한 불에서 10분 끓여 주세요.

❺ 기호에 따라 통깨를 뿌려주세요.

저염해물된장국

| 재료는? |

멸치다시마육수 500ml,
다진 마늘 1작은술,
된장 1.5큰술,
애호박 $\frac{1}{2}$개,
새송이 버섯 한 줌,
양파 $\frac{1}{2}$개,
두부 $\frac{1}{3}$모

대표적인 발효 식품 된장은 사포닌과 각종 비타민이 많이 들어 있습니다. 이는 혈관을 맑게 해 주고 뼈를 튼튼하게 해 성장기 아이들에게 아주 좋은 음식입니다. 해독 작용도 뛰어나 몸속의 노폐물을 걸러 주어 간 기능을 좋게 해 줍니다. 된장을 꾸준히 먹으면 감기 등의 각종 질병을 예방할 수 있어요. 아이들에게 요리해 줄 때는 간을 약하게 해 주도록 합니다.

❶ 육수가 끓으면 다진 마늘과 된장을 넣어 주세요.

❷ 준비된 채소와 해물, 두부 등을 넣고 끓여 주세요.

해물은 기호에 따라 준비하되, 된장과 꽃게의 조합을 추천합니다. 된장 특유의 냄새를 누그러뜨리고 국물 맛을 깊고 진하게 해 줍니다.

❸ 재료를 모두 넣고 5분 동안 팔팔 끓인 뒤 약한 불로 줄이고 5분가량 더 끓여주세요.

두부피자

"식단에 채소가 많이 들어가는 날,
채소 거부감을 줄이고 밀가루 알레르기 걱정을 던 건강 식단!"

아이들이 좋아하는 대표 음식 가운데 피자는 빠질 수 없는 음식이에요. 밀가루가 주재료인 피자는 어머니들에게 많은 부담일 수밖에 없습니다. 밥보다 빵을 더 찾을까 하는 염려 때문이지요. 그래서 아이들의 입맛도 사로잡는 특별한 디저트를 소개합니다. 밀가루 반죽 대신 단백질 가득한 두부로 피자 도우를 만들어 보세요.

두부피자는……

콩에 들어 있는 단백질을 무기 염류로 굳게 해 만든 두부는 콩보다 몸속 흡수율이 높아 소화가 잘됩니다. 소화 기관이 미성숙한 아이들에게 두부는 영양으로도 훌륭하고 식감이 부드러워 먹기에 아주 좋습니다. 노릇노릇하게 구운 두부를 써서 요리하면 맛과 영양이 좋은 훌륭한 간식이 됩니다.

| 재료는? |

두부 반 모, 피망 $\frac{1}{2}$개, 햄 $\frac{1}{2}$캔, 토마토소스 50ml, 피자 치즈 170~200g

❶ 두부는 물기를 빼고 0.7cm 두께로 얇게 썰어 줍니다.

❷ 팬에 기름을 두르고 1번의 두부를 앞뒤로 노릇노릇하게 구워 줍니다.

❸ 햄은 얇게 썰어 팬에 구워서 준비합니다.

❹ 피망은 깨끗이 씻어 속의 씨를 없앤 뒤 얇게 썰어 준비하고, 햄은 찍기 틀로 여러 모양을 내어 만듭니다.

❺ 구운 두부에 토마토소스를 펴 발라 줍니다.

❻ 5번 두부 위에 피망을 올립니다.

❼ 6번 위에 모양 틀로 찍은 햄을 알맞게 올립니다.

❽ 7번 위에 피자 치즈를 골고루 얹어 줍니다.

❾ 8번 두부를 전자레인지에 넣고 1분 30초에서 2분가량 돌려 주면 완성됩니다.

5 베틀짜기 식판

"달걀지단을 가로세로로 엮어 간단히 만든 베틀 짜기 요리!"

달걀 흰자는 단백질이 많아 아이들의 근육 발달에 좋습니다. 노른자는 항암 효과는 물론 DNA 손상을 낮추는 효과가 있습니다. 흰자와 노른자를 모두 먹으면 영양으로 좋지만, 달걀에서도 흰자만 먹는 아이, 노른자만 먹는 아이가 많습니다. 이때 흰자와 노른자를 따로 나눠서 베틀 짜기 밥으로 편식하지 않게 해 보세요. 교차되어 있는 흰자와 노른자가 서로 사이가 좋다는 것을 알려 주면서 자연스럽게 아이의 편식 습관도 조금씩 바꿔 줄 수 있습니다.

엄마의 베틀짜기 스케치!

❶ 달걀을 흰자와 노른자로 분리한 뒤 지단을 부쳐 줍니다.

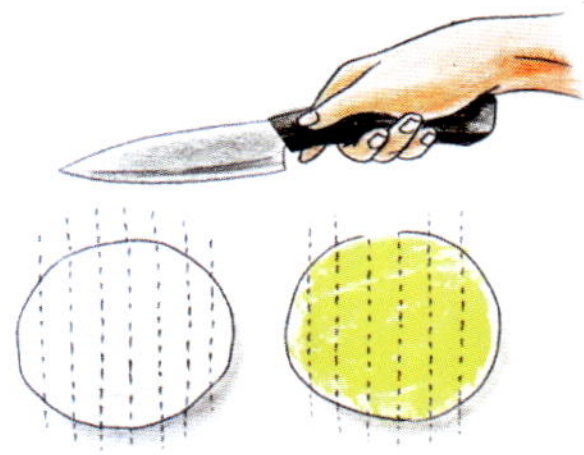

❷ 각 지단을 점선처럼 길게 잘라 주세요.

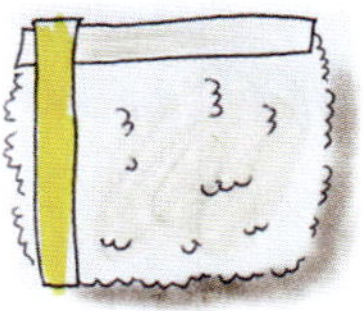

❸ 식판 위에 밥을 담고 그 위에 흰자와 노른자를 번갈아 가며 올려 주세요.

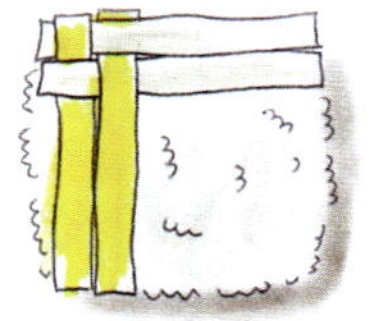

❹ 이때 각각의 지단이 서로 교차하도록 잘 끼워서 올려 주세요.

모양 만들기가 힘들거나 재료가 없을 때, 달걀 2개 정도만 이용하면 아이들이 놀랄 만한 캐릭터가 탄생합니다. 특별한 반찬이 없다고 생각될 때, 지단으로 베틀 모양을 만들어 밥 위에 덮어 주면 달걀도 먹으면서 모양도 일품인 최고의 식단이 됩니다.

친숙한 요리로 입맛을 사로잡는 창의력 식단

메뉴

★ 소고기황태뭇국
★ 수제등심돈가스
견과류단호박찜

이런 아이에게 좋아요!

달걀을 싫어하는 아이들은 대체로 없습니다. 그런데 노른자나 흰자만 먹는 아이들 때문에 고민이시라고요? 베틀짜기 캐릭터 요리는 이런 어머니들의 고민을 위해 마련한 요리입니다. 흰 지단과 노른 지단이 조화롭게 엇갈려 윤기 흐르는 밥 위에 펼쳐지는 베틀짜기 밥은 단백질을 먹이고 싶은 어머니들의 욕심을 채우기에 충분한 요리입니다.

소고기황태뭇국

| 재료는? |

무 2토막,
소고기 양지 300g,
황태 200g,
들기름 1큰술,
대파 1대,
국간장 1큰술

명태를 한겨울철 차가운 바람에 쐬어 얼리고 말리고를 20번 이상 반복하면 황태가 됩니다. 살은 연하고 부드러우며 깊은 맛이 있고 영양이 풍부해 영양 보충에 많이 쓰이는 재료입니다.

황태에는 면역 세포 활성화에 도움이 되는 비타민 B3가 풍부해서 암세포 유발을 억누르는 효능이 있습니다. 또 아미노산 성분 '트립토판'이 많아 스트레스를 줄이고 마음에 안정을 주기도 합니다. 황태뭇국은 끓이기도 어렵지 않아 아이들 국으로 그만입니다.

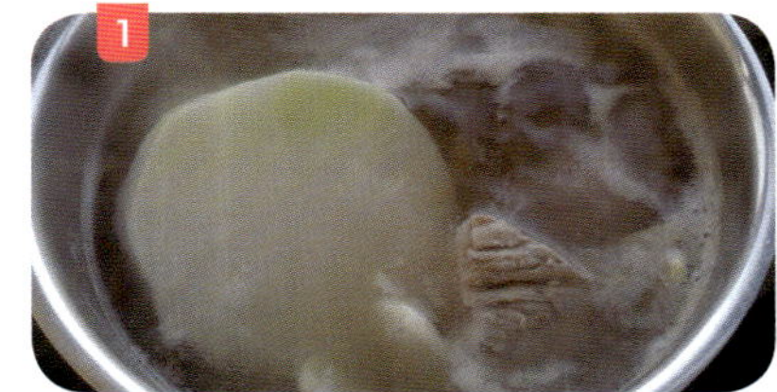

❶ 무와 국거리 소고기를 넣고 약 1시간 정도 끓여 고기 육수를 우려낸 뒤 고기는 따로 건져 먹기 좋은 크기로 잘라 줍니다.

소고기는 미리 핏물을 10분 정도 빼준 뒤 사용합니다. 처음부터 무와 소고기를 넣고 끓여야 깊은 맛이 우러납니다. 끓이면서 올라오는 거품들은 수시로 건져 주세요.

❷ 냄비에 불려서 자른 황태와 무를 넣고 들기름을 1큰술 넣어 살짝 볶아 줍니다.

❸ 2번 황태와 무에 육수와 건져냈던 소고기를 넣고 팔팔 끓여 줍니다.

센 불에서 15분 정도 끓입니다.

❹ 3번에 대파를 넣고 국간장으로 간을 맞춰 완성합니다.

중간 불로 줄이고 간을 맞춰 5분 더 끓이고 불을 끕니다.

수제 등심돈가스

| 재료는? |

돼지고기 등심 500g,
소금과 후추,
다진 마늘 1큰술,
부침 가루 300g,
달걀 2개,
빵가루 300g,
식용유 200ml

돼지고기는 아이들이 자라는 데 필요한 거의 모든 요소가 있습니다. 가격이 저렴하고 맛도 좋아 아이들 식단에 많이 쓰이는 재료이기도 합니다. 돼지고기를 살 때는 색이 선명한 담홍색을 고르세요. 그리고 윤기있게 기름지고 살코기가 두꺼워야 좋습니다. 아이들이 마트의 냉동식품 코너에서 파는 돈가스를 좋아하지요? 맛과 신선도를 위해 엄마가 직접 만들어 주면 더 좋습니다.

❶ 돈가스용 돼지고기 등심을 사서 칼등으로 두드려 넓게 펴 주세요.

식감을 더욱 부드럽게 하려면 우유에 10분 정도 재워 주셔도 좋아요.

❷ 소금과 후춧가루, 다진 마늘을 발라 밑간을 해 줍니다.

❸ 밑간한 돼지고기를 부침 가루와 달걀물, 빵가루 순서대로 입혀 주세요.
금방 먹지 않을 돈가스는 냉동실에 보관합니다.

고기에 바로 달걀 물을 입히기보다 부침 가루를 먼저 입히면 달걀물이 잘 엉겨 붙어요. 그래야 빵가루가 잘 입혀져서 기름에 튀길 때 겉을 더욱 바삭하게 해 줍니다.

❹ 팬에 기름을 넉넉히 두르고 앞뒤로 골고루 튀겨 주세요.

중간 불에서 익혀 주세요.

감자브로콜리수프

"식단에 채소가 조금 부족하다고 느낄 때,
돈가스와 안성맞춤인 수제 수프!"

브로콜리는 좋은 음식이지만 아이들에게 먹이기는 참 힘듭니다. 스마트폰에 쉽게 노출되는 아이들에게 브로콜리는 자주 먹여 주어야 하는 식품입니다. 브로콜리에 눈 건강을 지켜주는 루테인이 풍부하기 때문입니다. 브로콜리수프는 뷔페에서 자주 볼 수 있지만, 막상 만들기 어려워하는 요리이기도 해요. 어머니들에게 쉽게 브로콜리수프를 만드는 법을 소개합니다.

감자브로콜리수프는……

집에 흔히 있는 감자와 양파, 치즈만으로도 브로콜리수프를 요리할 수 있습니다. 여기에 식빵을 노릇하고 바삭하게 구운 크루통을 얹어 주면 아이들이 더 좋아합니다.

| 재료는? |

브로콜리 $\frac{1}{2}$개, 감자 작은 것 1개, 양파 $\frac{1}{2}$개, 밀가루 1큰술, 우유 400ml, 슬라이스 치즈 1장, 모차렐라 치즈 1큰술, 소금, 후춧가루,

—

식빵 1장, 버터 1큰술, 설탕

❶ 자른 브로콜리는 끓는 물에 소금 0.5작은술을 넣고 살짝 데쳐서 준비합니다. 감자와 양파는 채를 썰어 준비합니다.

❷ 팬에 버터 1큰술을 녹인 후, 밀가루 1큰술을 넣고 잘 섞어 주세요.

❸ 2번에 채 썬 감자와 양파를 넣고 볶아 주세요.

❹ 믹서기에 브로콜리와 3번 재료를 모두 넣고, 우유 400ml를 넣어 곱게 갈아 주세요.

❺ 건더기가 없어야 수프가 잘 만들어집니다.

❻ 팬에 잘 갈은 재료를 넣고 중간 불에서 골고루 저으며 끓입니다. 수프가 끓으면 소금과 후춧가루로 간을 맞추고, 준비한 치즈를 넣고 잘 섞어 마무리합니다. 수프를 그릇에 담고 미리 만들어 둔 크루통을 얹어 줍니다.

크루통 만들기 : 식빵을 잘게 잘라 팬에 버터 1큰술을 넣고 식빵이 노릇해질 때까지 구워 주세요. 그 위에 설탕을 뿌려 주면 완성됩니다.

6 호빵맨 식판

"얇게 썬 당근과 김, 치즈로 만든 친근하면서도 귀여운 만화 캐릭터!"

당근은 '비타민 A의 황제'라고 불려요. 당근에 많은 베타카로틴이 비타민 A를 생성하기 때문이지요. 당근은 식욕을 올려 주고 변비를 예방해요. 또 기침을 멈추게 하고 해열작용을 한답니다. 그런데 유독 당근을 싫어하는 아이들이 많지요. 당근을 얇게 썰어 앙증맞은 캐릭터를 만들어 보세요. 당근을 잘 먹지 않던 아이도 재미를 느끼며 당근을 잘 먹게 될 거예요.

엄마의 호빵맨 스케치!

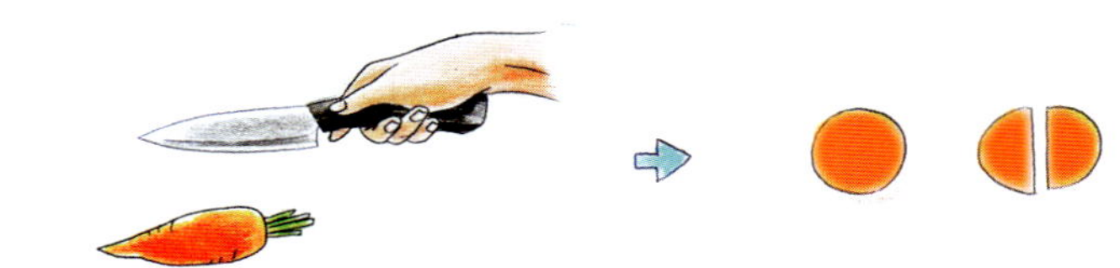

❶ 당근을 얇게 썰어 한 조각은 둥글게, 한 조각은 반으로 잘라 반달 모양을 만들어 주세요.

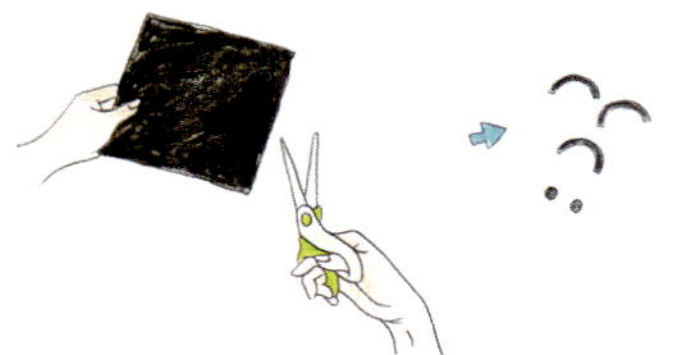

❷ 김밥용 김을 잘라 눈썹과 눈, 입 모양을 만들어 주세요.

❸ 식판 위에 밥을 둥글게 얹고 그림과 같이 당근으로 만든 얼굴 모양을 올려 주세요.

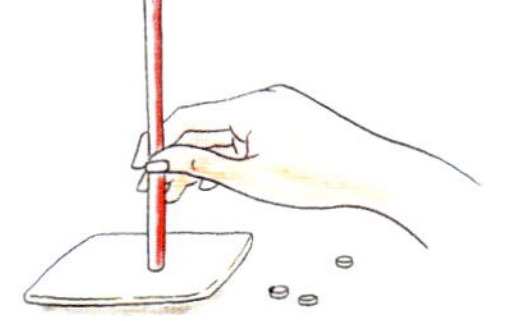

❹ 호빵맨의 코와 볼에 입체적인 느낌을 주기 위해 치즈를 빨대로 콕 찍어 빼낸 작은 동그라미 치즈를 얹어 주세요.

이때 빨대는 버블티용 굵은 빨대가 아니라, 커피숍에서 흔히 쓰는 빨대를 사용했습니다.

달콤한 당근과 고소한 치즈가 어우러진 깜찍한 식단

메뉴

★ 소고기조림장떡국
대패삼겹살구이
★ 옥수수전
모차렐라치즈샐러드

이런 아이에게 좋아요!

어른들도 생각보다 좋아하지 않는 당근은 아이들에게 어떻게 먹이면 좋을까요? 당근은 특유의 흙 냄새와 식감 때문에 아이들이 특히 좋아하지 않습니다. 어설프게 삶거나 볶으면 식감이 물렁해지고 단맛이 달아나 더욱 먹기를 거부하지요. 하지만 제대로 조리하거나 아이들이 좋아하는 캐릭터로 당근을 섞어 주면 어떨까요? 아이들의 눈과 입을 사로잡을 호빵맨 식단을 공개합니다!

소고기 조림장

| 재료는? |

다진 소고기 150g

—

멸치 다시마 육수 300ml,
소고기 다짐육 150g,
간장 4큰술,
맛술 1큰술,
설탕 2큰술,
매실액 1큰술,
생강즙 1큰술

어른 입맛에는 깊고 담백한 맛으로 느껴지는 떡국을 맛이 심심하다고 싫어하는 아이들도 있어요. 그럴 때 달콤 짭짤한 소고기 조림장을 고명으로 올려보세요. 부드러운 식감으로 아이들의 입맛까지 사로잡을 수 있답니다. 바쁠 땐 비빔밥처럼 밥에 간단한 채소와 함께 비벼주면 맛과 영양을 함께 챙길 수 있습니다.

1

2

3

❶ 소고기는 흐르는 찬물에 헹군 후 물에 담가 핏물을 살짝 빼주세요.

핏물을 빼면 고기 누린내를 없앨 수 있어요.

❷ 멸치 다시마 육수 300ml에 1번 고기를 넣고 삶습니다. 고기가 익으면 나머지 조림장 양념과 함께 졸여 주세요.

❸ 완성된 조림장을 떡국 위에 고명으로 얹어 주거나, 비빔밥 또는 주먹밥으로 만들어주면 아이들이 잘 먹습니다.

옥수수전

| 재료는? |

옥수수 통조림 $\frac{1}{2}$캔, 튀김 가루 3큰술, 물 2큰술

세계 4대 식량은 쌀, 밀, 보리, 옥수수입니다. 옥수수는 사람들이 가장 많이 먹는 음식인 셈이지요. 특히 톡톡 터지는 알갱이가 씹는 맛이 참 좋은 음식입니다. 통째로 쪄서 먹거나, 삶아서 먹기도 하고 구워서 먹기도 할 만큼 널리 사랑받고 있어요. 옥수수는 소화를 돕고 날씬한 몸 유지는 물론 피부 미용에도 좋다고 알려져 있습니다. 이 옥수수를 이용해 아이들의 입맛을 사로잡는 옥수수 전을 만들어 볼까요?

1

2

3

❶ 시판 옥수수 통조림 $\frac{1}{2}$캔에 튀김 가루 3큰술, 물 2큰술을 준비합니다.

옥수수는 체에 밭쳐 흐르는 물에 한 번 헹구어 주면 좋습니다.

❷ 1번 재료들을 잘 저어 섞어 주세요.

❸ 팬에 기름을 두르고 반죽을 한 수저씩 떠서 앞뒤로 노릇하게 부쳐 주세요.

중간 불에서 구워야 타지 않아요.

7 겨울밤 식판

"흑미밥과 치즈로 만든 눈 내리는 겨울밤의 거리!"

추운 겨울, 눈이 내리는 바깥에 나가자고 조르는 우리 아이를 떠올려 보세요. 아이의 설레는 마음을 밥상 위로 옮겨 보면 어떨까요? 송이송이 내리는 눈을 치즈로, 조금은 흐릿한 하늘을 흑미밥으로, 하얗게 눈이 내려앉은 건물을 노른자 지단으로 만들어 보세요. 잡곡을 싫어하는 아이들의 눈과 입을 사로잡는 멋진 식판이 완성됩니다!

엄마의 겨울밤 스케치!

❶ 달걀을 노른자만 분리해 지단을 부쳐 주세요.

❷ 지단을 건물 모양을 잘라 주세요.

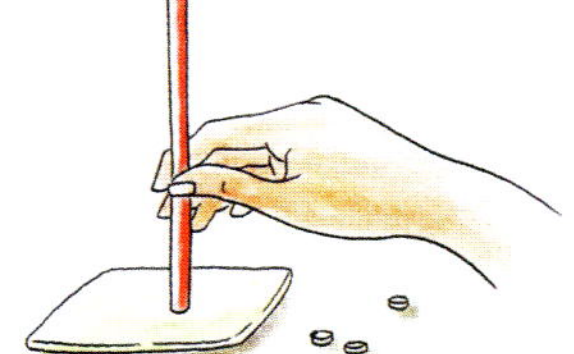

❸ 빨대로 콕 찍어 잘라 낸 치즈를 눈 모양으로 준비합니다.

빨대는 얇은 커피 음료용 빨대를 사용하세요.

❹ 식판 위에 흑미밥과 자른 지단, 눈 모양 치즈를 얹습니다.

치즈 눈송이가 가득하고 밤하늘의 노래가 들리는 낭만 식단

| 메뉴 |

부추만둣국
★ 브로콜리닭고기조림
★ 새송이새우크림볶음

이런 아이에게 좋아요!

새하얀 밥에 익숙한 아이들은 다양한 색을 내는 잡곡이 섞여 있을 때 거부감을 느낍니다. 흰쌀밥보다는 잡곡밥이 몸에 더 좋지만, 아이들에게는 생소할 수 있지요. 흰쌀밥만 먹었던 아이들은 밥 색깔이 어두울 때 많이 꺼리곤 합니다. 밥 위에 치즈나 달걀로 낭만적인 밤의 거리를 만들어 주세요. 흑미로 밥을 지었을 때는 특유의 식감과 향이 강하니 백미와 흑미를 2:1의 비율로 짓는 것도 좋습니다.

브로콜리닭고기조림

| 재료는? |

닭 안심 4덩이,
소금과 후추,
간장 1큰술,
맛술 1큰술,
올리고당 1큰술,
브로콜리 한 줌

고단백 저칼로리의 대명사 닭 안심은 가슴살 안쪽에 가늘고 길게 붙어 있는 대나무 잎 모양 부위입니다. 이 부위는 닭 한 마리에서 단 두 조각이 나옵니다. 안심살은 100% 백색 근섬유로만 이루어져 있어 고기 색도 백색이에요. 닭 안심은 지방이나 콜레스테롤이 적어 맛이 담백해요. 단, 조리할 때 육즙이 새어나와 퍽퍽해지기 쉬우므로 육즙이 쉽게 밖으로 나오므로 수분이 많은 채소와 곁들어 먹으면 좋아요.

❶ 닭 안심은 소금과 후추로 밑간하여 프라이팬에 초벌구이합니다.

초벌구이로 반 정도 익혀 주어야 양념을 넣고 조릴 때 속까지 골고루 익고 양념이 잘 뱁니다.

❷ 1번 고기에 간장 1큰술, 맛술 1큰술, 올리고당 1큰술을 넣고 끓이다가 닭 안심이 완전히 익으면 먹기 좋은 크기로 잘라 줍니다.

센 불로 조리하다가 닭이 익으면 중간 불로 줄여주세요.

❸ 2번 고기에 미리 삶아 놓은 브로콜리를 넣고 약 30초간 재빠르게 볶아 줍니다.

❹ 그릇에 담아 김을 식힙니다.

새송이새우크림볶음

| 재료는? |

칵테일새우 200g,
새송이버섯 200g,
버터 1큰술,
다진 마늘 1작은술,
소금과 후추,
우유 150ml,
파슬리 가루 한 꼬집

새송이버섯은 일반 버섯보다 비타민 C의 양이 7~10배나 높아요. 그리고 거의 모든 필수 아미노산이 들어 있고 신진대사가 원활하게 돌아가도록 도와주는 무기질도 많습니다. 칼슘과 철 성분도 풍부해 빈혈이 있는 아이들에게 특히 좋은 식품입니다. 그런데 버섯을 꺼리는 아이들이 있지요. 좋아하는 고기류나 해물과 함께 요리를 해주세요. 버섯도 맛있게 먹일 수 있답니다.

❶ 팬에 버터 1큰술을 넣어 녹인 다음 다진 마늘 1작은술을 넣어 살짝 볶고 깨끗하게 씻은 칵테일 새우와 새송이 버섯을 넣어 빠르게 볶아 주세요.

❷ 1번에 소금과 후추로 간을 한 뒤 한 번 더 볶아 줍니다.

❸ 2번에 우유 150ml를 붓고 졸이듯이 끓여 주세요.
우유가 졸면 불을 끄고 파슬리 가루를 뿌려 완성합니다.

센 불에서 끓여 주세요.

8 앵무새 식판

"밥과 달걀지단으로 만드는 아기자기 캐릭터!"

밥을 잘 먹지 않는 아이에게는 친근한 동물 모양으로 밥을 꾸며 주면 효과가 좋아요. 밥 위에 동물의 눈, 코, 입, 날개 등을 표현해 주면 아이의 호기심을 자극할 수 있고, 밥 먹기를 놀이라 생각해서 식사 시간을 즐겁게 할 수가 있습니다. 오늘은 아이들이 좋아하는 새 모양으로 밥을 꾸며보세요.

엄마의 앵무새 스케치!

❶ 달걀을 흰자와 노른자로 분리한 후 지단을 만듭니다.

❷ 흰자 지단은 새의 날개로, 노른자 지단은 새의 부리와 나뭇잎으로, 김은 새의 눈과 눈썹, 날개의 무늬 모양으로 잘라 주세요.

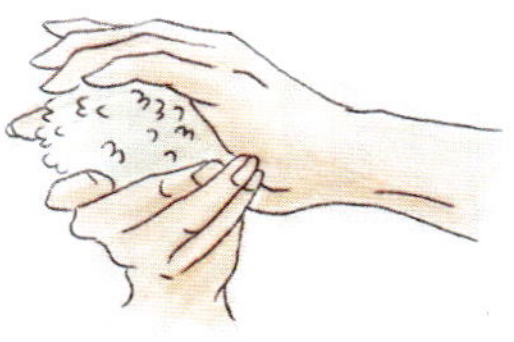

❸ 밥을 손으로 빚어 새의 머리와 몸통을 만드세요.

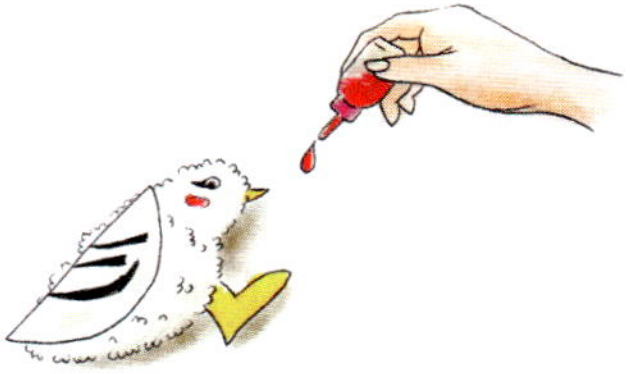

❹ 잘라 놓은 모양을 그림처럼 꾸며 줍니다. 새의 눈은 빨대로 치즈를 찍어 만들고 케첩으로 새의 볼 부분을 꾸며 주세요.

두부 한 모로
우리 아이 입맛 사로잡는
훌륭한 식단

| 메뉴 |

닭곰탕
★ 두부스테이크
들깨고사리무침
콩나물무침

이런 아이에게 좋아요!

두부는 대표적인 고단백질 식품이지요. 성장기 아이들에게 꼭 필요한 음식입니다. 그런데 물컹하게 씹히는 식감을 싫어하는 아이들드 있어요.

아이에게 두부를 먹이고 싶은 엄마, 그리고 특별한 두부 요리를 만들어 주고 싶은 엄마의 고민을 해결해 드립니다! 두부를 고기처럼 만들어 보는 거예요. 지금 소개해 드리는 두부스테이크로 아이의 입맛을 사로잡아 보세요.

두부스테이크

| 재료는? |

두부 1모,
참치 1캔,
양파 1개,
당근 $\frac{1}{2}$개,
부추 한 줌,
전분 가루 2큰술,
달걀 1개,
빵가루 3큰술,
소금과 후추

—

물 150컵,
간장 4큰술,
케첩 6큰술,
올리고당 3큰술,
다진 마늘

두부는 리놀산이 많이 들어 있어 콜레스테롤을 낮추고 올리고당이 많아 장의 움직임을 활성화해 소화 및 영양분 흡수를 도와줍니다. 고기로 만든 스테이크는 퍽퍽하지만, 두부스테이크는 촉촉하고 담백해서 아이들 입맛에도 잘 맞아요.

❶ 두부는 흐르는 물에 씻은 뒤 천에 싸서 물기를 꼭 짜 주세요.
❷ 1번 두부를 볼에 넣고 손으로 으깨 주세요.
❸ 참치 1캔과 기호에 따른 각종 채소를 다져서 넣고 전분 가루 2큰술, 달걀 1개, 빵가루 3큰술, 소금과 후춧가루를 약간씩 넣고 잘 섞어 주세요.

반죽 재료는 두부 1모 기준입니다.

❹ 3번 두부를 손으로 둥글게 빚어 주세요.
❺ 팬에 기름을 두르고 중간 불에서 둥글게 빚은 두부를 앞뒤로 노릇하게 구워 주세요.

스테이크 소스는 소스 재료를 모두 섞어 약한 불에 졸여 주세요.

MEMO

고구마경단

"쪄 먹고 남은 고구마의 새로운 변신!
맛과 영양을 챙긴 동글동글 경단은 귀여운 아이 간식으로 그만!"

고기를 비롯한 지방과 단백질을 많이 섭취했다고 느끼는 날, 식이섬유가 풍부한 고구마로 속을 달래 주세요. 집에 있는 고구마로 쉽고 간단하게 고급스러운 엄마표 간식을 만들어 주면 어떨까요? 제과점에서 카스텔라를 하나만 사면, 동글동글 앙증맞은 수제 경단이 완성된답니다.

고구마경단은 ……

겨울 대표 간식의 하나인 고구마. 삶은 고구마만 먹기에는 지겹지 않으신가요? 달콤한 맛 덕분에 아이들도 좋아하는 고구마로 색다른 경단 간식을 만들어 보세요. 어른, 아이 할 것 없이 친숙하고 건강한 식품이라 부담없이, 맛있게 즐길 수 있는 재료랍니다.

| 재료는? |

찐 고구마 2개, 카스텔라 1개, 찹쌀가루 8~9큰술, 설탕 1큰술, 소금 0.5작은술, 통깨

❶❷ 쪄서 껍질을 깐 고구마를 볼에 담아 으깹니다. 설탕 1큰술, 소금 0.5작은술, 찹쌀가루 8큰술을 넣고 반죽합니다.

❸ 반죽할 때 질감이 질퍽하지 않고 쫀득하게 뭉쳐질 정도로 찹쌀가루를 더해도 좋습니다.

찹쌀가루를 더할수록 쫀득해지지만, 너무 많이 넣으면 삶았을 때 입에 찐득하게 붙어 아이가 먹기 힘들 수 있어요.

❹ 3번의 반죽을 손으로 동글동글하게 빚어 주세요.

❺ 냄비에 넣은 물이 끓으면 4번의 반죽한 경단을 넣고 삶아 주세요.

❻ 경단이 위로 떠오르면 다 익었으므로 넓은 접시에 담아 한 김 식혀 주세요.

❼ 제과점에서 산 카스텔라를 체에 긁어 가루를 만들어 주세요.

❽ 식은 경단에 카스텔라 가루가 골고루 묻도록 굴려 주세요.

❾ 접시에 예쁘게 담아 줍니다. 기호에 따라 통깨나 검은깨, 콩가루 등을 묻혀 주어도 좋습니다.

9 나비 식판

"끓는 물에 데친 슬라이스 햄과 달걀지단, 치즈로 만든 신비한 나비!"

아이들에게 친근한 곤충인 나비로 만드는 식탁이 상상이 안 가신다고요? 나비는 햄과 달걀로 간단하게 만들 수 있는 캐릭터 요리입니다. 부담 없는 과정과 손쉽게 구할 수 있는 재료로 충분히 나비를 만들어 볼 수 있습니다. 오늘, 아이들의 식사를 귀여운 나비 모양으로 차려 보면 어떨까요?

엄마의 나비 스케치!

❶ 슬라이스 햄은 끓는 물에 데치고, 달걀은 노른자만 따로 지단을 부칩니다.

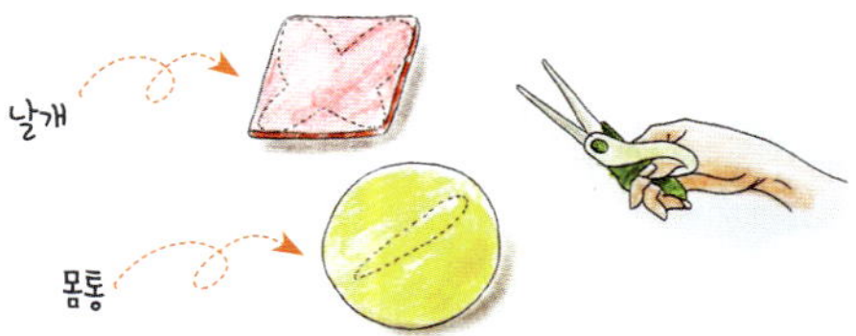

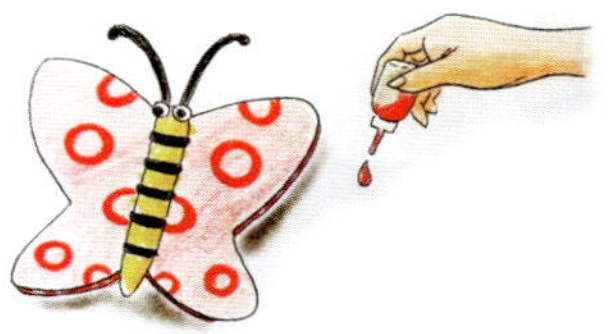

❷ 데친 햄과 노른자 지단을 나비 모양처럼 잘라 주세요.

햄은 나비의 날개, 노른자 지단은 가운데 몸통이 됩니다. 노른자 지단 대신 슬라이스 치즈를 이용해도 좋습니다.

❸ 밥 위에 자른 햄과 노른자 지단을 올리고 김으로 나비 더듬이와 몸통 무늬를 만든 다음, 케첩으로 날개를 알맞게 꾸며주면 완성됩니다.

달콤한 맛과
짭짤한 맛이 어우러진
해산물 식단

메뉴

★ 맑은홍합탕
떡갈비
견과류멸치볶음
★ 오징어장조림

이런 아이에게 좋아요!

비린내가 강해서 아이들이 먹기를 꺼리는 해산물 요리를 어떻게 하면 잘 먹일 수 있을까요? 싫어하는 식단을 억지로 먹일 필요는 없지만 나비 모양 밥으로 아이들 시선 돌리기도 또 다른 방법이에요. 아이들이 좋아하는 햄과 달걀로 친숙한 나비 캐릭터를 만들어 해산물의 거부감을 줄여 보세요. 익숙한 햄과 계란 맛에 집중한 아이에게 조금씩 해산물을 권하면 보다 쉽게 먹일 수 있답니다.

맑은홍합탕

| 재료는? |

멸치다시마육수 500㎖, 홍합 300g, 다진 대파 1큰술, 소금

홍합은 조갯살의 색이 다른 조개보다 붉어서 붙은 이름입니다. 그 이름답게 붉은색이 진할수록 홍합은 최고의 상품으로 친답니다. 홍합은 달달하면서도 감칠맛이 있어서 육수로 자주 쓰이곤 하는데 홍합을 넣고 끓인 국물은 시원하고 맛이 좋아요. 게다가 소화력이 약한 아이들도 잘 먹을 수 있는 건강식품이에요.

10월부터 12월이 제철인 홍합은 칼륨이 풍부해 몸의 나트륨 배출을 도와줘요. 홍합의 타우린 성분은 인지 기능을 높이고 피로 해소와 빈혈 예방, 뼈 건강 개선 및 두뇌 활동을 촉진해 줍니다.

홍합을 손질할 때는 고무장갑을 끼고 흐르는 물에 두세 번 헹군 뒤 껍데기 옆에 붙은 털 같은 이물질(족사)을 손으로 뜯어 주세요. 마지막으로 홍합을 물에 담근 채 씻으면 단맛이 빠져나갈 수 있으니 흐르는 물에 한 번 더 헹궈 주세요.

❶ 멸치 다시마 육수가 끓으면 깨끗이 손질한 홍합을 넣어 주세요. 홍합 자체로도 깊은 맛이 나기 때문에 약간의 소금 간만 해 주시면 된답니다.

센 불로 육수를 끓이다가 홍합을 넣고 3분 후 약한 불로 줄여 3분 후 불을 끕니다.

❷ 대파를 넣어 완성해요.

오징어장조림

| 재료는? |

오징어 몸통 1마리,
양파 $\frac{1}{3}$개,
당근 $\frac{1}{3}$개,
물 300ml,
간장 3큰술,
설탕 1큰술,
올리고당 1큰술,
통깨

오징어의 타우린 성분은 피로 해소에 좋습니다. 또 단백질과 인, 칼륨, 칼슘, 각종 비타민과 미네랄이 들어 있어요. 특히 불포화 지방산인 DHA와 EPA는 성장기 어린이들의 두뇌 발달에 도움을 주고 기억력과 학습 능력을 향상해 줍니다.

오징어를 손질할 때는 먼저 몸통과 다리가 이어진 경계선에 가위를 넣고 몸통을 갈라 주세요. 그다음, 손으로 오징어 다리를 모아 잡고 내장을 위로 천천히 뜯으면서 분리하세요. 내장이 터져 먹물이 튀지 않도록 천천히 뜯어야 합니다. 내장은 버리고, 몸통에 붙은 뼈도 제거해 주세요. 오징어의 입은 쭉 눌러 주면 빠져나와요. 마지막으로 가위로 눈 2개를 잘라 주면 된답니다.

❶ 양파와 당근, 오징어를 아이들이 먹기 좋은 크기로 잘라 손질해 주세요.

❷ 팬에 물 300ml, 간장 3큰술, 설탕 1큰술을 넣고 끓여 주세요.

센 불로 시작해서, 끓기 시작하면 중간 불로 줄여 주세요.

❸ 2번에 손질한 채소를 넣고 채소가 익으면 오징어를 넣으세요. 오징어는 오래 익히면 질겨지므로 주의하세요.

❹ 3번에 올리고당 1큰술을 넣고 졸여 준 다음 통깨로 마무리하세요.

10 색연필 식판

"당근과 치즈, 케첩으로 만든 밥상 위의 필기구!"

색연필은 흔히 볼 수 있는 미술 재료이고 아이들이 꼭 한 번씩은 접하는 도구라 굉장히 친근합니다. 아이들이 평소에 잘 먹지 않는 식재료가 있다면 색연필 모양으로 요리해 보세요. 여기에서는 당근을 썼지만, 파프리카처럼 여러 가지 색감 있는 식재료들을 이용하면 더욱 다양하고 손쉽게 만들 수 있어요. 이때 채소는 두껍지 않게, 작고 얇게 잘라 주어야 좋답니다.

엄마의 색연필 스케치!

❶ 당근을 얇게 썰어 한 쪽을 지그재그 모양으로 자릅니다. 잘린 조각 하나는 색연필의 심이 될 거예요.

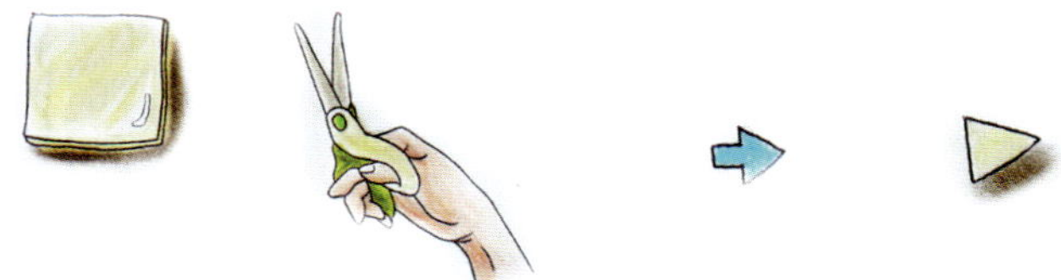

❷ 슬라이스 치즈를 당근 크기에 맞게 삼각형으로 잘라주세요.

❸ 밥 위에 자른 당근과 치즈를 색연필 모양대로 올리고 케첩으로 그림을 그리듯이 뿌려 주면 완성입니다.

채소 거부감을 줄이고 호기심은 키우는 재치 발랄 식단

메뉴

- 소고기미역국
- ★ 찜닭
- 오이무침
- ★ 들깨연근조림

이런 아이에게 좋아요!

아삭아삭한 당근과 고소한 치즈로 만든 색연필 요리로 채소에 대한 거부감을 줄여 보면 어떨까요? 당근 특유의 식감과 냄새 때문에 피하는 아이들에게 색연필 요리는 더할 나위 없이 좋은 요리가 될 것입니다. 이와 함께 어울리는 식단으로 한 끼 든든한 밥상을 차려 보세요.

찜닭

| 재료는? |

생닭 9호 1마리,
당근 $\frac{1}{2}$개,
양파 1개,
애호박 $\frac{1}{2}$개,
감자 2개,

—

물 500ml,
배즙 150ml
(혹은 설탕 2큰술),
맛술 3큰술,
간장 5큰술,
다진 마늘 1작은술,
다진 생강 0.5작은술
매실액 2큰술,
참기름 2큰술,
통깨

닭고기 요리의 한 종류인 안동 찜닭을 줄여 흔히 '찜닭'이라 부릅니다. 닭고기에 다양한 채소와 당면이 들어가며 남은 국물에 밥을 비벼 먹을 수도 있어 닭 한 마리로 푸짐한 요리를 즐길 수 있지요.

아이들이 먹을 찜닭은 간을 약하게 해 주세요. 국물이 졸아들면서 간이 세지기 때문에 최소한의 양념으로 만드는 것이 중요합니다. 또 달콤하고 담백한 소스가 닭과 채소에 진하게 배면서 육질도 부드럽게 해야 한다는 점도 잊지 마세요.

❶ 먼저 끓는 물에 닭을 한 번 삶아 찬물에 헹궈 불순물을 없앱니다.

찜닭에 쓸 닭은 순살 닭을 이용해도 좋아요.

❷ 1번을 준비하는 동안 채소를 손질하고 양념장을 만듭니다.

❸ 냄비에 삶은 닭과 양념장, 단단한 채소를 넣고 센 불에서 30분 정도 푹 삶아 줍니다.

❹ 익기 쉬운 채소류는 마지막에 넣고 중간 불에서 30분 더 졸여 주세요.

❺ 기호에 따라 통깨를 뿌려 완성합니다.

들깨연근조림

| 재료는? |

연근 300g,
멸치다시마육수 300ml,
간장 2큰술,
국간장 2큰술,
들깻가루 3큰술,
미숫가루 2큰술

연근에는 비타민 C가 레몬만큼이나 많이 있어 꾸준히 먹으면 감기 예방에 좋아요. 철분과 타닌 성분은 염증을 완화해 줍니다. 특히 코피가 자주 나는 아이들에게 좋아요. 연근은 보통 간장 조림으로 많이 먹지만, 고소한 들깨와 함께 졸여 주어도 맛있게 먹을 수 있어요.

생연근을 그대로 조리하면 연근의 아린 맛이 남고 끈적끈적해서 좋지 않아요. 껍질은 감자칼로 깍아내고, 0.5cm 두께로 썰어서 식초물에 담가 두어야 아린 맛도 사라지고, 갈변현상도 막을 수 있어요.

❶ 연근은 껍질을 벗기고 적당한 두께로 자른 후 물 500ml에 식초 1큰술을 타고, 그 안에 연근을 10분 정도 담가 전분기를 뺍니다.

❷ 멸치 다시마 육수를 연근이 잠길 정도로 붓고 센 불에서 20분 정도 끓입니다.

❸ 2번에 간장 2큰술, 국간장 2큰술을 넣어 간을 맞추세요. 이 상태로 센 불에서 10분 더 끓입니다.

❹ 3번에 들깻가루 3큰술, 미숫가루 2큰술을 넣어 중간 불에서 졸여 줍니다.

11 어피치 식판

"달걀노른자로 손쉽게 만드는 인기 이모티콘!"

SNS 캐릭터로 큰 인기를 끌고 있는 캐릭터 하나를 만들어 볼까요? 이번 캐릭터 요리에는 가장 흔한 식재료인 달걀을 썼지만, 슬라이스 치즈를 써도 좋습니다. 아이에게 치즈를 잘 먹여 보고 싶다면 달걀 밑에 치즈를 붙여서 요리하는 것도 좋아요. 달걀 밑에 치즈를 붙여 주면 치즈를 잘 먹지 않던 아이도 치즈를 먹을 수 있어서 일석이조 효과를 볼 수 있어요

엄마의 어피치 스케치!

❶ 달걀은 노른자만 분리해 지단을 만듭니다.

❷ 김과 노른자 지단을 잘라 준 다음 밥 위에 올립니다.

❸ 이모티콘의 눈동자 부분은 밥풀을 이용해 붙여 주고, 빨간 볼은 케첩으로 꾸며 주세요.

아이들이 좋아하는 친숙한 캐릭터가 올라간 특별한 식단

메뉴

한우곰탕국
조기구이
★ 소시지폭찹
★ 라면땅

이런 아이에게 좋아요!

아이가 거부감을 갖는 식재료를 잘 먹게 하려고 캐릭터 요리를 꾸미는 경우가 많지요. 하지만 엄마의 말을 잘 듣는 기특한 아이에게, 혹은 편식 없이 밥 잘 먹는 아이에게 주는 선물 같은 식단을 꾸밀 때도 캐릭터는 유용해요. 한 번쯤 아이가 좋아하는 캐릭터로 요리를 꾸며보세요. 식탁 앞에서 환하게 웃음 짓는 아이의 얼굴을 만날 수 있을 거예요.

소시지폭찹

| 재료는? |

비엔나 소시지 150g,
양파 $\frac{1}{3}$개,
당근 $\frac{1}{3}$개,
식용유 1큰술,
케첩 3큰술,
간장 1큰술,
올리고당 1큰술,
파슬리 또는 통깨

비엔나소시지를 비롯한 모든 햄이나 소시지 종류를 요리해 줄 때는 끓는 물에 5분 이상 데쳐 각종 첨가물을 없애 주세요. 이렇게 삶은 소시지는 불필요한 기름기가 빠져서 칼로리도 절반으로 줄어듭니다. 아이들이 살찔 걱정도 줄어들고 더 맛있고 즐거운 식사 시간이 되도록 돕는 요리가 될 거예요.

❶ 삶은 소시지와 양파, 당근은 먹기 좋은 크기로 잘라 팬에 기름을 두르고 센 불에서 볶아 주세요.

채소는 기호에 따라 넣어 주세요.

❷ 1번이 어느 정도 익으면 케첩 3큰술, 간장 1큰술, 올리고당 1큰술을 넣고 센 불에서 한 번 더 볶아 주세요.

❸ 파슬리 가루 혹은 통깨를 뿌려 마무리합니다.

라면땅

| 재료는? |

라면 1봉지, 식용유 3큰술, 설탕

아이에게 선물로 주는 밥상이니 오늘은 아이가 좋아하는 간식 하나쯤은 있어도 되겠지요? 너무 건강식만 고집하는 것도 아이에게 역효과를 불러올 수가 있으니 때때로 이런 식단을 주는 것도 좋습니다. 지금 소개하는 라면땅은 만들기도 쉽고 맛도 좋아 아이들에게 인기 많은 메뉴랍니다.

❶ 라면은 먹기 좋은 크기로 부수어 따뜻한 물에 5분 정도 담가 불려 주세요.
❷ 팬에 기름을 두르고 1번을 앞뒤로 노릇노릇하게 튀겨 주세요.
❸ 라면은 의외로 쉽게 타니 중간 불에서 굽는 게 좋아요.
❹ 키친타월 위에서 기름기를 빼고 설탕을 솔솔 뿌려 주세요.

수제 약밥

"금요일 저녁에 만들어 두면 주말 내내 먹을 수 있는 영양 간식!
밥솥만 있으면 풍부한 견과류가 일품인 수제 약밥이 뚝딱!"

시중에 파는 약밥은 다소 맛이 진하고 달아서 아이들 먹이기에 조금 부담스러울 수 있습니다. 지금부터 소개하는 수제 약밥은 만들기가 어렵지 않아 만들어서 냉동실에 보관해 두면 두고두고 먹기에 아주 좋은 영양 간식이에요. 약밥 하나만 먹어도 각종 영양소를 모두 섭취할 수 있는 몸에 좋은 음식이라고 해서 '약밥'이라는 이름이 붙었을 정도랍니다.

수제 약밥은 ……

약밥에는 밤과 대추 등 몸에 좋은 여러 가지 재료들이 들어가지요. 대추는 심장이나 위장 건강에 좋으며 스트레스를 안정시켜 주고, 밤은 탄수화물, 단백질, 칼슘, 비타민 등의 영양이 풍부하여 아이들 성장 발달에 탁월하고 성인병 예방과 신장 보호에도 효과가 있어요. 주재료인 찹쌀은 소화를 돕고 위장을 보호해 주지요.

| 재료는? |

불린 찹쌀 750g, 간장 3.5큰술, 설탕 3큰술, 참기름 1큰술, 올리고당 1큰술, 계피가루 1작은술

❶ 찹쌀은 깨끗이 씻어서 물에 4시간 이상 충분히 불려 주세요. 밤은 먹기 좋은 크기로 자르고, 대추는 돌려 깎은 뒤 얇게 채를 썰어 둡니다. 기호에 따라 각종 견과류와 건포도 등을 준비합니다.

❷ 밥솥에 물기를 뺀 불린 찹쌀을 넣으세요.

❸ 2번 위에 준비한 밤과 대추, 견과류 등을 올려 주세요.

❹ 3번에 양념을 넣고 골고루 섞이도록 잘 저어 주세요.

❺ 4번에 재료가 살짝 잠길 정도로 물을 넣어 주세요. 보통 밥을 하듯이 물을 넣으면 질척해집니다. 그런 다음 취사를 눌러 주세요.

❻ 밥이 다 되면 주걱으로 양념과 견과류 등이 잘 섞이도록 저어 주세요.

❼ 6번을 넓은 쟁반 등에 펴서 김을 식혀 주세요.

❽ 9번이 어느 정도 식으면 알맞게 모양을 빚어냅니다. 당장 먹지 않을 약밥은 랩에 싸서 냉동실에 보관했다가 먹기 1시간 전에 꺼내면 됩니다.

12 악기 식판

"슬라이스 햄과 김으로 만드는 기타! 치즈로 음표까지 만들어 주면 센스 만점!"

밑반찬에 별다른 흥미가 없는 아이들이 있지요. 그런 아이들에게는 햄을 사용해서 캐릭터를 만들어 주면 식사를 즐겁게 하는 데에 도움을 줍니다. 이때, 햄이나 소시지 같은 가공육을 이용할 때에는 끓는 물에 5분 이상 데쳐야 한다는 것을 잊지 마세요.

어려서 예술 분야를 많이 접한 아이들이 창의력이 뛰어나다는 이야기를 들어 보셨나요? 악기에 관심을 두는 아이들에게 기타 모양 밥을 만들어 보세요. 식사 시간이 즐거워질 거예요.

엄마의 기타 스케치!

❶ 슬라이스 햄을 끓는 물에 데칩니다.

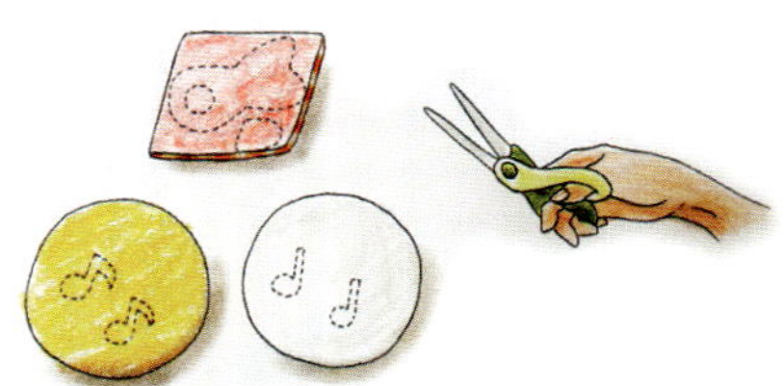

❷ 달걀은 흰자와 노른자를 따로 분리해 지단을 만들어 음표 모양으로 자르고 데친 햄을 기타 모양으로 잘라 주세요. 쓰지 않는 아기 약병 등을 이용해 기타 구멍을 뚫으면 됩니다.

❸ 밥 위에 기타 몸통을 올리고 음표로 자른 달걀 지단을 알맞게 올려 준 뒤 길게 자른 김으로 기타의 줄을 꾸며 주면 완성됩니다.

달걀 지단이 번거로우면 치즈를 써도 좋습니다.

입 안 가득 퍼지는 부드러운 재료의 멋쟁이 식단

| 메뉴 |

닭가슴살미역국
동그랑땡
★ 들깨무나물볶음
★ 부추달걀찜

이런 아이에게 좋아요!

자극적이지 않고 부들부들한 식감으로 입맛을 사로잡는 식단은 무엇이 있을까요? 들깨의 고소한 맛이 더해진 들깨 무나물이 대표적인 반찬이 될 거예요. 여기에 부추를 넣은 부드러운 달걀찜도 빠질 수 없습니다. 부드러움이 강점인 대표 반찬과 함께 악기에 관심을 갖는 아이들의 시선을 사로잡아 보세요!

들깨무나물볶음

| 재료는? |

무 200g,
소금 1작은술,
식용유 1큰술,
물 100ml,
다진 마늘 0.5작은술,
들깻가루 1큰술,
들기름 1큰술,
통깨

무에는 소화 효소인 디아스타아제가 많이 들어 있어 '천연 소화제'라고도 부릅니다. 또 무에 들어 있는 베타인 성분은 간을 보호해 주고 해독과 살균 작용을 합니다. 무는 비타민 C도 풍부하고 혈액 순환을 도우며 몸을 따뜻하게 해 줘요. 또 아이들의 감기 예방에도 효과가 좋답니다. 고소한 들깻가루를 곁들어 볶아 주면 달콤한 무의 맛과 어우러져 영양가 높은 밑반찬이 완성됩니다.

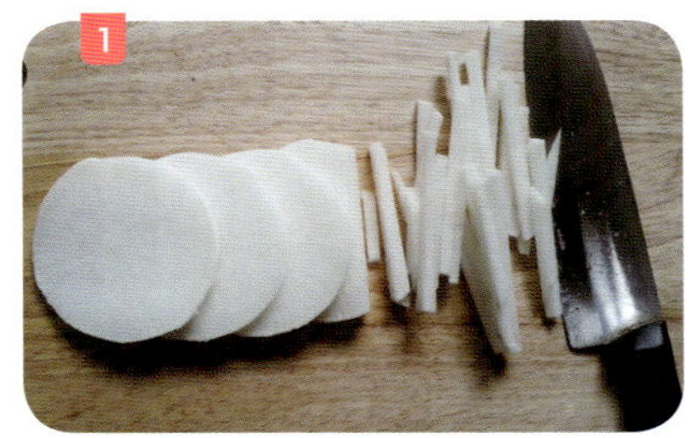

❶ 깨끗이 씻은 무는 채를 썰어 소금으로 밑간을 해 주세요.

소금을 미리 뿌려 두면 간이 잘 배고 숨이 죽어 볶기가 쉬워져요.

❷ 팬에 기름을 두르고 1번 무를 넣은 뒤 살짝 볶아 주세요.

볶을 때는 들기름보다 포도씨유나 카놀라유가 좋습니다. 들기름은 발화점이 낮아 금방 타면서 1급 발암 물질 벤조피렌이 생겨 마지막에 불을 끄고 넣어 줘야 좋습니다.

❸ 2번에 물을 100ml와 다진 마늘 0.5작은술을 넣고 한 번 저어 준 뒤 뚜껑을 덮고 무가 투명해질 때까지 끓여 주세요.

❹ 국물이 졸아들면 3번에 들깻가루 1큰술과 통깨를 뿌려 마무리합니다.

들깻가루는 들기름으로 대체할 수 있습니다. 들기름을 쓸 때는, 불을 끈 후 맨 마지막에 넣으세요.

부추 달걀찜

| 재료는? |

달걀 2개,
멸치다시마육수 150ml,
새우젓 1작은술,
다진 부추 1큰술

부추는 대표적인 슈퍼 푸드의 하나로, 비타민 A와 C가 아주 풍부합니다. 부추를 익혀 먹으면 위액 분비가 왕성해져 소화를 촉진시키고 위장을 튼튼하게 해 줘요. 해독 살균 작용이 뛰어나 자주 설사하는 아이들에게 좋고 감기에 자주 걸리는 아이들에게도 좋은 식재료이기도 합니다. 대체로 고기류와 함께 볶아 먹지만, 달걀찜에 넣어 주면 특유의 향이 없어져 아이들도 잘 먹을 수 있어요.

❶ 달걀과 육수의 양을 1:1로 맞추어 준비한 뒤, 달걀물에 부추를 잘게 썰어 섞어 주세요.
❷ 육수가 끓으면 새우젓으로 간을 맞추세요.
❸ 1번의 달걀물을 조금씩 넣으며 골고루 섞어 주세요.
❹ 불을 약하게 줄이고 뚜껑을 덮어 서서히 익혀 주세요.

약 10~15분 정도 익혀 주시면 됩니다.

13 아기 돼지 식판

"물에 데친 슬라이스 햄과 김, 치즈 등으로 꾸민 귀엽고 재미난 돼지 캐릭터!"

밥을 잘 먹던 아이가 갑자기 밥을 먹지 않겠다고 떼를 쓰는 경우가 있지요? 그럴 때 동물 캐릭터로 요리를 해 주면 식사 시간이 즐거워지고 밥 먹는 집중력을 높일 수 있어요. 눈, 코, 입이 들어가 표정이 살아 있는 캐릭터는 아이들이 무척 좋아한답니다. 엄마는 만들기 간단하고, 아이들 눈에는 친숙한 캐릭터를 이용해서 밥상에 흥미를 불어넣어보세요. 아이들이 좋아하는 재료로 풍성한 식탁 풍경이 그려집니다.

엄마의 아기 돼지 스케치!

❶ 슬라이스 햄을 끓는 물에 데칩니다.

❷ 데친 슬라이스 햄을 돼지 얼굴 모양으로 잘라 주세요. 김은 돼지의 눈썹, 눈, 코, 콧구멍 모양으로 잘라 주세요.

김을 반을 접은 상태에서 반원으로 잘라 주면 가운데가 뚫린 형태로 자를 수 있어요.

❸ 밥 위에 돼지 얼굴 모양의 햄을 올립니다.

❹ 김과 케첩으로 얼굴을 귀엽게 꾸며 주세요.

견과류의 고소함이 한 끼의 영양을 올리는 든든 식단

메뉴

황태국
★ 애호박새우볶음
★ 간장두부조림
김달걀말이

이런 아이에게 좋아요!

예부터 애호박은 밥상에 빠지지 않는 채소입니다. 된장찌개부터 전, 볶음이나 죽까지 들어가지 않는 요리가 없을 정도이지요. 특히 애호박과 새우는 몸에서 영양분 흡수를 돕는 최고의 궁합을 자랑하는 식재료랍니다. 애호박의 물컹한 식감을 싫어하는 아이들을 위해서 탱글탱글한 식감의 칵테일 새우를 함께 요리해주세요. 서로 다른 식감이 섞여 잘 먹을 수 있어요.

애호박새우볶음

| 재료는? |

애호박 $\frac{1}{2}$개,
칵테일새우 70g,
식용유 1큰술,
새우젓 1작은술,
통깨

여름철의 뜨거운 뙤약볕 아래에서도 시들지 않는 애호박은 더위를 이기는 대표 채소입니다. 섬유소가 풍부하고 비타민과 미네랄이 들어 있어 소화 흡수가 잘되고 두뇌 발달에도 도움을 줍니다. 새우젓을 넣고 조리하면 호박이 쉽게 무르지 않아 궁합이 잘 맞습니다.

❶ 애호박은 깨끗이 씻어 먹기 좋은 크기로 썰어 줍니다. 칵테일 새우도 깨끗이 씻어 준비합니다.
❷ 팬에 기름을 두르고 애호박과 새우를 센 불에서 볶아 냅니다.
❸ 2번에 새우젓을 적당량 넣고 국물이 졸아들 때까지 볶습니다.

재료가 익으면서 국물이 자작하게 나와요

❹ 통깨를 넣어 마무리하세요.

간장두부조림

| 재료는? |

두부 1모,
식용유 3큰술,
견과류 한 줌,
올리고당 1큰술

—

간장 3큰술,
물 3큰술,
설탕(혹은 매실액) 1큰술,
다진 마늘 1작은술,
다진 대파 1큰술,
참기름 1작은술,
통깨 1작은술

호두, 잣, 아몬드와 같은 견과류는 탄수화물, 단백질, 지방, 비타민, 무기질 등 각종 영양소가 듬뿍 들어 있는 10대 건강식품 가운데 하나입니다. 심장병을 예방하고 피로 해소, 기관지 보호 등의 기능이 있고 단백질이 풍부해 아이들에게 아주 좋은 식품입니다. 특히 사람의 뇌를 닮은 호두는 두뇌 발달에 큰 효과가 있지요.

조림이나 강정 요리 등에 각종 견과류를 잘게 부숴서 넣어 보세요. 음식의 맛을 돋울 뿐 아니라 건강에도 아주 좋습니다.

❶ 두부는 먹기 좋은 크기로 썰어 물기를 없애 주세요.

❷ 팬에 기름을 두르고 두부를 앞뒤로 노릇하게 구워 주세요.

❸ 양념장을 만들어 주세요.

❹ 2번 두부에 3번의 양념장을 끼얹고 국물이 없어질 때까지 졸여 주세요.

센 불에서 조리하다가 국물이 끓기 시작하면 중간 불로 줄여서 졸여 주세요.

❺❻ 마지막에 불을 끄고 견과류와 올리고당 1큰술을 넣고 저어서 마무리하세요.

14 태극기 식판

"치즈나 달걀흰자, 케첩과 깻잎이 어우러진 자랑스러운 대한민국 국기!"

캐릭터 요리는 아이가 잘 먹지 않는 음식을 잘 먹게 하는 데에 목적이 있습니다. 하지만 아이에게 알려 주고 싶은 것이 있을 때도 캐릭터 요리를 이용할 수가 있습니다. 태극기를 달아야 하는 국경일에 태극기 밥상을 차려주면 어떨까요?

여기에서는 치즈로 흰색 부분을 표현했지만 두부나 백설기 떡 등을 얇게 잘라 이용해도 좋습니다.

엄마의 태극기 스케치!

❶ 깻잎은 깨끗이 씻어 물기가 없도록 말려 준 뒤 태극 모양의 파란색 부분으로 잘라 주세요.

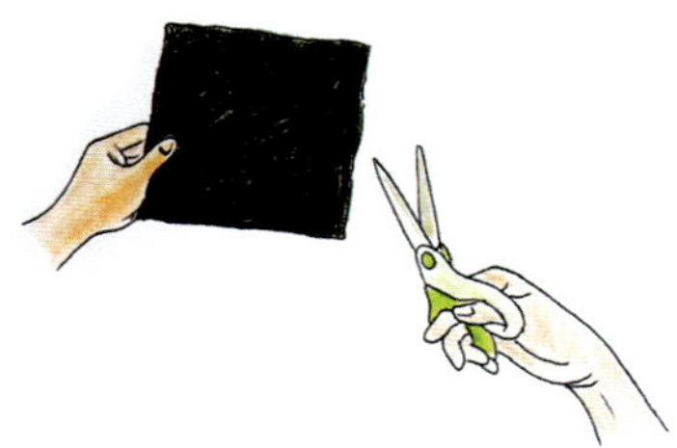

❷ 김은 태극기의 건·곤·감·리 모양대로 미리 잘라서 준비합니다.

❸ 밥 위에 치즈를 1장 올립니다.

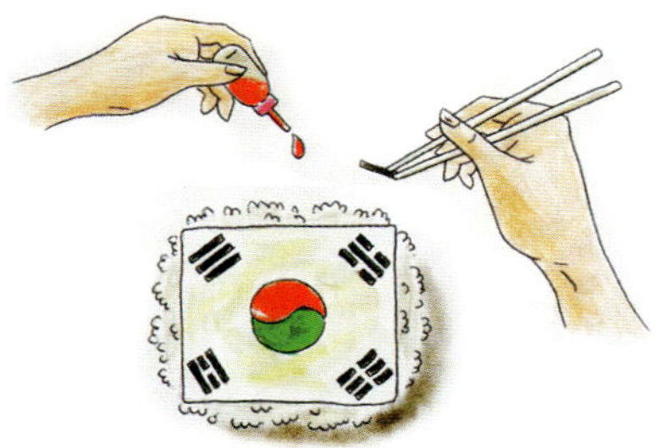

❹ 케첩이나 깻잎, 피망 등으로 태극 모양을 만들어 줍니다. 마지막으로 김을 순서대로 올려 태극기를 완성합니다.

나라 사랑 마음을 전하는 맛있고 활기찬 센스 만점 식단

메뉴

- ★ 들깨감잣국
- ★ 삼겹살바비큐
- 애호박전
- ★ 콘치즈

이런 아이에게 좋아요!

아이들이 유치원에 들어가면 태극기를 배우지요. 자랑스러운 대한민국 국기를 알려주면서 고소함을 전하는 한 끼로 식사를 차려 보세요. 건강을 생각해 느끼하지 않은 식단으로 차린 밥상을 보며, 아이들은 식사 시간을 더욱 기다리게 될 거예요.

들깨감잣국

| 재료는? |

멸치다시마육수 600ml,
감자 1~2개,
양파 개,
들깻가루 1큰술

들깨는 입맛을 돋우고 체력 보강에 도움을 줍니다. DHA 성분이 많이 들어 있어 어린이들의 두뇌 발달에도 큰 효과가 있습니다. 또 콜레스테롤이 우리 몸속에 쌓이는 것을 예방하고 비타민 E와 F가 많아 피부를 촉촉하게 해 주기도 합니다.

들깨를 고를 때는 낟알의 크기가 고르고 갈색이 선명하며 윤기가 흐르는 것이 좋습니다.

❶ 감자와 양파를 먹기 좋은 크기로 잘라 주세요.
❷ 육수가 끓으면 1번을 넣고 감자가 익을 때까지 끓여 준 다음 국간장으로 간을 맞추세요.
❸ 마지막에 들깻가루 1큰술을 넣고 마무리하세요.

삼겹살바비큐

| 재료는? |

삼겹살 200g,
후춧가루,
파슬리 가루,
간장 1큰술,
맛술 1큰술,
설탕 0.5큰술

삼겹살에는 비타민과 미네랄이 적당히 있어 식감이 부드럽고 맛도 고소해 아이들도 잘 먹습니다. 외국에서는 삼겹살을 염지 베이컨으로 만들어 먹기도 합니다. 삼겹살에 간장 양념을 해서 좀 더 특별하게 요리해 보세요. 달짝지근한 맛을 살려서, 입맛 없어 하는 아이들에게 추천하는 메뉴입니다.

❶ 팬을 예열한 뒤 삼겹살을 올리고 후춧가루와 파슬리 가루를 조금씩 뿌려 주세요.
❷ 삼겹살을 앞뒤로 골고루 익힌 뒤에 적당한 크기로 잘라 주세요.
❸ 간장 1큰술, 맛술 1큰술, 설탕 0.5큰술을 넣고 한 번 더 볶아 주세요.
❹ 기름을 걷어 내면서 양념이 충분히 밸 때까지 볶아서 그릇에 담아 주세요.

콘치즈

| 재료는? |

옥수수 $\frac{1}{4}$캔,
치즈 1장,
버터 1큰술,
양파 $\frac{1}{4}$개,
다진 파프리카 1큰술,
파슬리 가루

옥수수에는 에너지 대사를 높이고 뇌의 신경 기능에 관여하는 비타민 B1과 엽산이 많습니다. 또한, 신체 저항력에 도움이 되는 비타민 C도 풍부하지요. 식이섬유도 많아서 변비에 효과가 있어요. 하지만 한 번에 많은 양을 먹으면 설사를 할 수도 있으니 주의해야 합니다.

❶ 옥수수는 통조림 캔에 든 국물을 따라 내고 양파와 파프리카는 다져서 준비합니다.
❷ 팬을 예열한 뒤, 버터를 녹여 주세요.
❸ 2번에 다진 양파와 다진 파프리카를 넣고 볶아 주세요.
❹ 3번이 익으면 옥수수를 넣고 한 번 더 볶아 주세요.
❺ 채소가 완전히 익으면 불을 끄고 치즈를 올린 후 잘 섞어 주세요.
❻ 파슬리 가루를 뿌려서 완성합니다.

MEMO

블루베리망고스무디

"아이스크림 대신 냉동 과일로 만든
새콤달콤 스무디!"

날씨가 더워지면 아이들은 찬 음료나 아이스크림을 자주 찾습니다. 매번 시판 제품을 사서 먹이는 것보다는 냉동 과일을 이용한 엄마표 간식을 만들어 주는 것은 어떨까요? 블루베리와 망고 등으로 아이들 입맛에 맞는 달콤새콤한 스무디를 만들어 보세요.

블루베리망고스무디는……

블루베리는 포도와 비슷하게 생겼지만, 포도보다 30배 이상 안토시아닌이 많아 피부 노화를 막는 데 좋은 과일입니다. 당도가 높은 망고는 1개에 15% 이상의 당분과 다양한 비타민 및 미네랄이 들어 있어 블루베리와 궁합이 좋은 재료이기도 하지요. 달콤한 것을 좋아하는 아이들에게 과일로 만든 달콤한 스무디 한 잔을 만들어 주세요.

| 재료는? |

냉동 망고 두 줌, 블루베리 한 줌, 플레인 요거트 100ml, 오렌지 주스 120ml, 우유 100ml

1. 냉동 과일을 쓸 때는 한 시간 정도 미리 꺼내 자연 해동시켜주세요.
2. 믹서기에 냉동 망고 두 줌과 오렌지 주스, 플레인 요거트 절반을 넣고 갈아 주세요.
3. 컵에 2번을 담아 주세요. 윗면이 평평해지도록 잘 펴서 담습니다.
4. 냉동 블루베리와 우유, 남은 플레인 요거트를 믹서기에 넣고 간 다음 3번의 위에 담아 주세요.
5. 장식은 취향대로 하면 됩니다. 여기에서는 미리 얼려 둔 우유 큐브로 꾸몄어요

15

파인애플 식판

"달걀지단으로 모양을 잡고 김을 잘라 무늬를 만든 초간단 과일 캐릭터!"

김은 누구나 좋아하는 반찬이지요. 특히 조미된 김만 있으면 밥 한 그릇을 먹을 수 있을 만큼 아이들은 김을 좋아합니다. 김이 빠질 수는 없지만 다양한 반찬에 흥미를 느끼게 해 주고 싶을 때, 김으로 파인애플 캐릭터를 만들어 보세요. 아이들이 밥상에 앉아 식사하는 시간이 즐거워집니다.

엄마의 파인애플 스케치!

❶ 달걀을 노른자만 분리해 지단을 부칩니다.

❷ 노른자 지단으로 파인애플 몸통을 만들고 김을 잘라 파인애플 꼭지와 줄무늬를 만들어 줍니다.

❸ 밥 위에 파인애플 몸통과 꼭지를 올립니다.

❹ 노른자 지단 위에 파인애플 주름인 김을 만듭니다.

아이들이 좋아하는 반찬으로 꽉 채운 맛있는 식단

메뉴

★ 맑은생태탕
★ 수제 닭안심가스
어린잎사과샐러드
백김치

이런 아이에게 좋아요!

추운 겨울, 뜨끈하고 시원한 국물이 생각나지요. 추운 바깥에서 신나게 놀고 온 아이들에게 생태 탕은 든든하고 좋은 식사가 됩니다. 개운한 국물 맛은 물론, 입에서 사르르 녹아드는 부드러운 생태를 맛보여 주세요. 여기에 아이들이 좋아하는 닭고기 안심 가스도 곁들이면 입맛을 돋울 수 있겠지요?

맑은생태탕

| 재료는? |

생태 1마리,
무 150g,
콩나물 한 줌,
미나리 한 줌,
다진 대파 2큰술,
멸치다시마육수 800ml,
다진 마늘 0.5큰술,
국간장 1~2큰술

갓 잡아 싱싱한 명태는 '생태'가 됩니다. 명태를 냉동실에 얼리면 동태, 말리면 북어, 반 건조하면 코다리, 얼리고 말리기를 20번 이상 반복하면 황태가 됩니다. 따뜻한 성질이 있는 명태는 혈액 순환을 돕고 몸을 따뜻하게 해 줘서 추운 날 끓여 먹으면 좋습니다. 특히 감기를 앓은 아이들의 약해진 체력을 키워 주기 위해 먹이면 면역력 회복에 도움을 줍니다. 명태에 있는 비타민 E는 어린이들의 발육을 도와주기도 합니다. 살이 담백하고 부드러워 아이들도 잘 먹는 식재료이기도 하지요.

1. 생태는 깨끗이 물에 씻어 준비하고, 무는 먹기 좋은 크기로 썰어 둡니다.
2. 콩나물, 미나리, 대파 등의 채소도 미리 손질해 놓습니다.
3. 멸치 다시마 육수를 끓여 주세요.
4. 끓는 육수에 무를 넣고 끓이다가 무가 익으면 생태를 넣고 한소끔 끓여 주세요.
5. 다진 마늘을 0.5큰술 넣고 국간장으로 간을 맞춘 뒤 콩나물을 넣습니다.
6. 마지막에 미나리와 대파를 넣고 팔팔 끓이면 됩니다.

수제 닭안심가스

| 재료는? |

닭 안심 200g,
달걀 2개,
튀김 가루 100g,
(또는 부침 가루 100g),
빵가루 150g,
우유 200ml,
소금과 후춧가루,
식용유 5큰술

닭 안심은 육질이 부드럽고 촉촉해서 아이들이 먹기에 좋습니다. 닭 안심을 한입 크기로 잘라 미니 가스를 만들면 돼지고기로 만든 것보다 부드러워서 좋은 먹거리가 됩니다.

❶ 달걀물과 튀김 가루 또는 부침 가루, 빵가루를 준비해 주세요.

만드는 순서는 돈가스와 같습니다.

❷ 닭 특유의 냄새를 제거하고 육질을 더 부드럽게 하기 위해 우유에 10분 정도 담가 주세요. 그다음 소금과 후춧가루로 밑간을 합니다.

❸ 2번을 튀김 가루→달걀물→빵가루의 순서대로 묻혀 주세요.

❹ 팬에 기름을 두르고 3번을 앞뒤로 노릇하게 튀겨 주세요.

센 불에서 익기 시작할 때 중간 불로 조리하세요.

❺ 기호에 따라 타르타르소스나 케첩과 곁들여 주면 더 맛있어요.

아이들이 샐러드를 잘 먹는 것은 조금 무리가 있지만, 샐러드 채소를 잘게 잘라 과일과 곁들여 시판용 과일 퓨레를 얹어 주면 잘 먹습니다.

16 라이언 식판

"달걀지단과 치즈, 김으로 만든 특별한 이모티콘 그 두 번째!"

아이들이 좋아하는 캐릭터를 표현할 때에 달걀지단을 많이 사용하지요. 달걀에는 단백질이 많아요. 단백질을 섭취할 수 있는 가장 싼 식품으로 달걀을 꼽을 수가 있습니다. 또 루테인이 풍부하게 들어 있어서 눈 건강을 지키는 데에 아주 좋아요. 요즘 스마트폰이나 컴퓨터를 많이 하는 아이들의 눈 건강을 지킬 수 있는 식재료이기도 하지요.

달걀지단을 이용해서 인기 캐릭터를 만들어 보세요. 아이들이 정말 좋아한답니다.

엄마의 라이언 스케치!

❶ 달걀 1개를 잘 풀어 지단을 부칩니다.

❷ 지단을 라이언 모양으로 잘라 주세요. 김은 눈썹과 눈, 코 모양으로 잘라 둡니다.

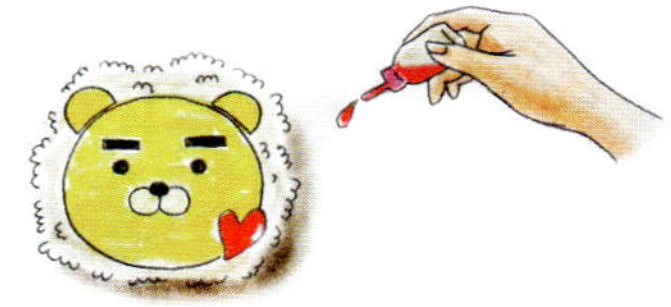

❸ 밥 위에 지단을 잘 맞춰 올리고 눈썹과 눈을 붙여 주세요. 코를 붙이기 전에 치즈를 코 모양보다 크고 둥글게 잘라 두 개를 맞붙이고 그 위에 코를 붙여 주세요.

❹ 그다음 케첩으로 하트 모양을 그려 주면 완성됩니다.

매운맛은 내리고 영양가는 높인 귀여운 식단

| 메뉴 |

황태콩나물국
★ 안 매운 두부김치
★ 소고기채소볶음
김자반

이런 아이에게 좋아요!

아이들에게 친근한 다양한 캐릭터를 이용해 보세요. 채소를 먹지 않는 아이도 관심을 갖고 식탁 앞에 앉을 거예요. 맵지 않게 조리한 두부김치와 높은 영양가를 담은 소고기채소볶음이라면 아이들이 채소 먹는 습관을 기를 수 있을 거예요.

안 매운 두부김치

| 재료는? |

두부 $\frac{1}{2}$ 모,
씻은 김치 100g,
식용유 3큰술,
참기름 1큰술,
설탕 0.5큰술

대표 발효 식품인 김치에는 유산균이 많이 있습니다. 특히 젖산은 요구르트의 4배나 되고, 소화를 도와줄 뿐만 아니라 면역력을 높이며 배변 활동도 도와줍니다. 김치를 씻어서 볶으면 매운맛이 날아가고 담백한 두부와 곁들여 주면 아이들도 맛있게 잘 먹을 수 있어요.

❶ 두부는 적당한 크기로 잘라 팬에 노릇하게 구워 주세요.

❷ 김치는 물에 씻어 고춧가루를 털어 주고 꼭 짜서 잘게 잘라 주세요.

매운 걸 잘 못 먹는 아이라면 고춧가루가 없게끔 잘 씻어주세요.

❸ 팬에 기름을 두르고 2번 김치를 볶아 주세요. 이때 참기름 1큰술과 설탕 0.5큰술을 넣어 같이 볶아 주세요.

소고기채소볶음

| 재료는? |

소고기 다짐육 150g,
양파 $\frac{1}{3}$개,
당근 $\frac{1}{4}$개,
애호박 $\frac{1}{3}$개,

—

간장 1큰술,
참기름 1큰술,
후춧가루,
매실액 1큰술,
통깨

소고기에 풍부하게 들어 있는 단백질에는 아홉 종류의 필수 아미노산이 모두 있어 소고기 섭취만으로도 충분한 영양을 보충할 수 있습니다. 또 환절기에 먹으면 날씨 변화에 따른 면역력 감소와 감기 예방에도 큰 도움을 줍니다.

소고기 자체로도 풍부한 맛을 자랑하지만, 채소와 함께 요리해 주면 서로 부족한 영양소를 보충해 주어 맛과 영양을 한껏 높여 줍니다.

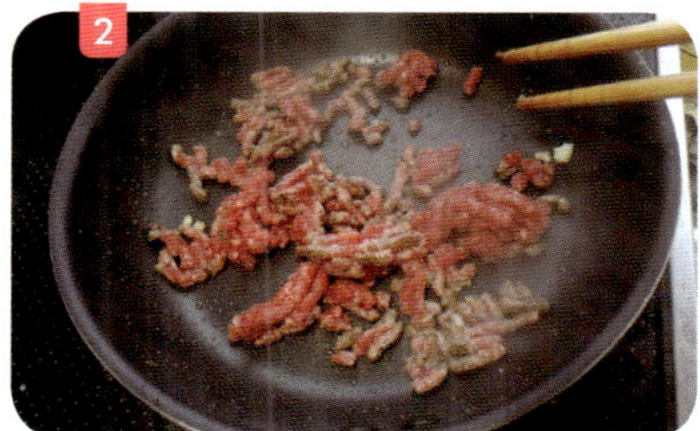

❶ 소고기는 다진 것으로 준비하고 키친타월로 살짝 눌러 핏물을 없애 주세요.
채소는 기호에 따라 준비하고 잘게 다지거나 채를 썰어 주세요.
소고기는 양념장 재료를 넣고 밑간을 한 뒤 10분 이상 재워 둡니다.

❷ 팬에 재워 둔 소고기를 먼저 넣고 볶아 주세요.

❸ 2번 고기가 어느 정도 익어 육즙이 흘러나올 때 손질해 둔 채소를 넣고 함께 볶아 주세요.

❹ 채소가 숨이 죽으면 통깨를 뿌려 마무리합니다.

채소가 숨이 죽으면 중간 불로 줄여 5분 더 볶아 줍니다.

가랜드 식판

"파티 분위기를 내고 싶은 날, 색다른 분위기를 위해 만든 특별한 캐릭터!"

파티 같은 여러 행사에 많이 쓰이는 가랜드 모양의 밥은 재료를 잘라서 놓기만 해도 모양이 예뻐요. 다양한 재료를 활용해서 만들기도 쉽습니다. 여기에서 쓴 당근과 치즈가 아니더라도 달걀이나 깻잎 등 여러 식재료로 다양한 모양을 만들 수 있어요. 특히 아이들이 잘 먹지 않는 채소나 과일이 있다면 적극적으로 사용해 보세요. 반응이 아주 좋습니다.

엄마의 가랜드 스케치!

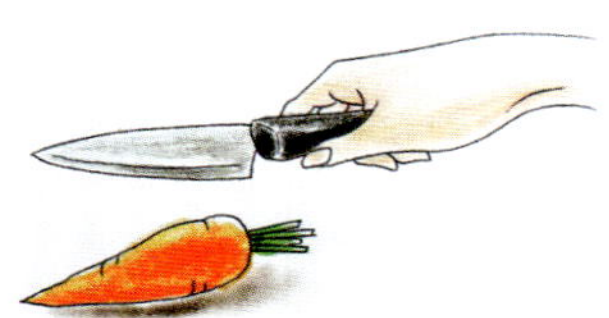

❶ 당근과 치즈(어린이용 치즈, 체다 슬라이스 치즈)를 삼각형 모양으로 잘라 줍니다.

❷ 밥 위에 김을 줄 모양으로 길게 잘라 붙입니다. 그다음 당근과 치즈를 역삼각형 모양으로 번갈아 붙여 줍니다.

❸ 마지막에 케첩으로 알맞게 꾸며 주면 완성입니다.

채소와 생선이 조화롭게 어우러진 지중해식 식단

| 메뉴 |

감잣국
★ 갈치구이
★ 들깨오이무침
김달걀말이

이런 아이에게 좋아요!

'지중해식 식사'에 대해서 들어보셨나요? 과일과 채소, 생선 위주로 짠 식사법입니다. 지중해식 식사는 우울증을 포함한 여러 질병을 막아준다는 연구 결과가 나오기도 했습니다. 굳이 병 예방 목적이 아니더라도 채소와 과일 등을 고루 먹는 습관을 들여보세요. 고소하면서도 담백한 식단이 아이들의 입맛을 책임집니다.

갈치구이

| 재료는? |

갈치 4조각,
부침 가루 2큰술,
소금과 후추

갈치는 '칼처럼 생긴 물고기'라는 데에서 이름이 유래했습니다. 싱싱한 갈치는 살이 단단하고 은백색 광택이 나야 합니다. 갈치는 리닌·페닐알라닌·메티오닌 등 필수 아미노산이 있는 단백질 공급 식품입니다. 특히 어린이의 성장에 큰 도움을 줍니다.

❶ 깨끗이 씻은 갈치는 물기를 없애고 소금과 후추를 뿌려 적당히 간을 합니다.

밑간 후 약 30분 정도 방치하세요.

❷ 밑간한 갈치에 부침 가루를 앞뒤로 골고루 묻혀 줍니다.

❸ 팬에 기름을 두르고 2번 갈치를 앞뒤로 노릇노릇하게 구워 주세요.
센 불에서 3분, 중간 불에서 5분, 마지막으로 약한 불에서 5분 정도 구워 주세요.

❹ 잘 구워진 갈치를 키친타월 위에 올려 한 김 식히고 기름기가 빠지도록 합니다.

들깨오이무침

| 재료는? |

오이 1개,
소금,
참기름 1큰술,
들깻가루 1큰술,
통깨

95%가 수분으로 이루어진 오이는 이뇨 작용을 돕습니다. 체내 불필요한 노폐물과 나트륨의 배출을 도와주는 식품이기도 합니다. 오이의 비타민 K는 뼈에서 새어 나오는 칼슘을 막아 어린이의 뼈 건강에 도움을 줍니다. 이밖에도 피부 미용·항암 작용·항균 효과 등의 역할을 합니다. 지금부터 고소한 들깻가루로 맛있는 오이 반찬을 만들어 보세요.

❶ 깨끗이 씻은 오이를 반달 모양으로 썰어 소금을 솔솔 뿌려 줍니다.
❷ 물기를 제거한 1번 오이에 참기름 1큰술, 들깻가루 1큰술, 통깨를 넣고 조물조물 버무려 주세요.

롤샌드위치

"파티 분위기의 캐릭터 식판과 잘 어울리는 알록달록 귀여운 디저트!"

인기 있는 간식 가운데 하나인 샌드위치는 만들기도 쉽고 맛도 좋아 아이들이 언제나 즐겨 찾습니다. 식빵에 재료를 넣고 돌돌 말은 롤샌드위치는 아이들이 특별히 좋아하는 간식입니다. 지금부터 내 아이를 위한 간편하고 특별한 롤샌드위치 요리법을 소개합니다.

롤샌드위치는……

| 재료는? |

식빵 3개, 치즈 3장, 슬라이스 햄 3장, 딸기 잼 3큰술, 밀대(둥근 유리병 등으로 대체 가능), 투명 랩

1. 팬에 기름을 두르고 슬라이스 햄을 앞뒤로 살짝 구워 줍니다.
2. 딸기 잼과 팬에 구운 햄, 슬라이스 치즈를 준비합니다.
3. 식빵은 가장자리를 잘라 냅니다.

   자른 부분은 따로 보관했다가 러스크를 만들어 주면 좋습니다.

4. 밀대로 식빵을 얇게 펴 주세요. 밀대가 없으면 물병이나 젖병 등을 이용해도 좋아요.
5. 4번 식빵 위에 딸기 잼을 골고루 펴 발라 주세요.
6. 팬에 구워서 준비한 슬라이스 햄을 5번 식빵 위에 올려 주세요.
7. 6번 식빵 위에 치즈를 올려 줍니다.
8. 7번 식빵을 김밥을 말 듯 돌돌 말아서 랩으로 꽁꽁 싸 주세요. 그러고 난 뒤 냉장고에 약 5분 정도 넣어줍니다.

   냉장고에 넣어두고 차가워지면 나중에 칼로 자를 때 모양이 흐트러지지 않아요.

9. 냉장고에서 꺼낸 롤샌드위치를 먹기 좋은 두께로 잘라 긴 꽂이에 꽂아서 접시에 담아 냅니다.

18 머핀 식판

"슬라이스 햄과 달걀지단으로 탄생한 알록달록 머핀!"

식욕이 떨어지는 아이들에게 알록달록한 쿠키 재료로 캐릭터 요리를 만들어 주면 어떨까요? 밥 위에 머핀 캐릭터를 만들어 올려 주면 시선을 사로잡아 밥을 먹는 아이들에게 작은 즐거움을 줄 수 있습니다.

엄마의 머핀 스케치!

❶ 끓는 물에 슬라이스 햄을 데칩니다.

❷ 달걀은 잘 풀어 지단을 만들고 머핀 모양으로 잘라 주세요. 김은 길게 잘라 주고 슬라이스 햄도 모양대로 잘라 준비합니다.

❸ 슬라이스 햄은 머핀의 빵 부분이, 달걀 지단은 윗부분이 되도록 밥 위에 올려 줍니다. 잘라둔 김으로 햄 위에 줄무늬를 만들어 주세요.

❹ 쿠키용 슈가 스프링클을 지단 위에 뿌려서 장식해 주면 완성됩니다.

버섯과 브로콜리로 눈과 입을 사로잡는 푸짐한 식단

메뉴

소고기뭇국
★ 팽이버섯베이컨말이
멸치볶음
★ 브로콜리단호박크로켓

이런 아이에게 좋아요!

든든함으로 꽉 채워진 식사는 아이의 몸과 마음을 살찌웁니다. 버섯 특유의 물컹한 맛을 싫어하거나 단호박과 브로콜리 역시 꺼리는 아이들에게 이번 식단은 좋은 요리가 될 거예요. 아이들이 싫어하는 재료를 먹이는 좋은 방법은 그 재료인지 모를 만큼 전혀 다른 요리로 바꿔서 주는 것이랍니다.

팽이버섯베이컨말이

| 재료는? |

팽이버섯 한 줌, 베이컨 8~10줄, 식용유 1큰술

팽이버섯은 수분과 식이섬유가 풍부하여 위의 열을 식혀 주고 노폐물을 몸 밖으로 내보내 주어 몸의 청소부라고 불립니다. 하지만 아이들은 물컹한 식감의 버섯을 잘 먹지 않지요. 버섯을 고기류와 함께 요리해 주면 어떨까요? 베이컨은 아이들이 잘 먹는 음식이니 팽이버섯을 돌돌 말아 구워 주면 잘 먹어요. 팽이버섯 말고 각종 채소를 넣어서 구워도 좋습니다.

❶ 팽이버섯은 깨끗이 씻어 약 4~5cm 길이로 잘라 베이컨과 함께 준비합니다.

❷ 베이컨 위에 한입 크기의 팽이버섯을 올리고 돌돌 말아 주세요.

베이컨에 기본적인 간이 되어 있어 별도로 양념하지 않습니다.

❸ 팬에 기름을 두르고 중간 불에서 2번 베이컨을 노릇노릇하게 구워 주세요.

베이컨 말이의 끝 부분을 먼저 구워 줘야 풀리지 않습니다.

브로콜리단호박크로켓

| 재료는? |

단호박 $\frac{1}{2}$통,
브로콜리 $\frac{1}{4}$송이,
소금 1작은술,
우유 3큰술,
튀김 가루 100g,
빵가루 150g,
식용유 5큰술

스마트폰과 같은 각종 미디어에 노출된 아이들의 눈에 좋은 단호박과 브로콜리로 크로켓을 만들어 주세요. 단호박은 베타카로틴이 풍부해 눈 건강과 시력 개선에 효과가 있습니다. 눈의 근육을 안정시켜 피로를 풀어 주고 염증을 가라앉혀 결막염을 포함한 안구 질환을 예방해 줍니다. 단호박에는 사과만큼이나 많은 펙틴 성분이 있어 몸 안의 노폐물을 효과적으로 없애고 장을 깨끗하게 해 주기도 합니다.

❶ 단호박은 깨끗이 씻어 잘라 속의 씨를 말끔히 없애 줍니다.
❷ 브로콜리는 끓는 물에 소금을 1작은술 넣고 2분 정도 데쳐 주서요.
❸ 단호박을 찜기에 넣어 15분 정도 쪄서 브로콜리와 함께 준비합니다.
❹ 볼에 찐 단호박을 넣어 으깨고 브로콜리를 잘게 잘라 섞어 주세요. 이때 우유를 3큰술 넣어 함께 섞어 주세요.
❺ 4번 단호박을 먹기 좋은 크기로 빚어 준 뒤 튀김 가루와 빵가루를 묻혀 주세요.
❻ 팬에 기름을 두르고 5번 단호박을 노릇노릇하게 튀겨 주세요.

센 불에서 시작하여 색이 나기 시작하면 중간 불로 조리하세요.

19 해바라기 식판

"밥 위에서 피어나는 예쁜 달걀말이 해바라기!"

노란 꽃잎이 화려한 해바라기는 달걀말이로 쉽게 만들 수 있습니다. 달걀말이는 누구나 좋아하는 데다 밥상에 자주 올라오는 반찬이지요. 달걀말이를 그냥 접시에 놓기보다 밥에 둥글게 놓아주기만 해도 훌륭한 캐릭터가 만들어집니다. 아이가 잘 먹지 않는 채소가 있다면 잘게 다져서 달걀말이를 해 주세요. 채소를 거부하던 아이라도, 해바라기 모양으로 꾸며 주면 금방 호기심을 갖는답니다.

엄마의 해바라기 스케치!

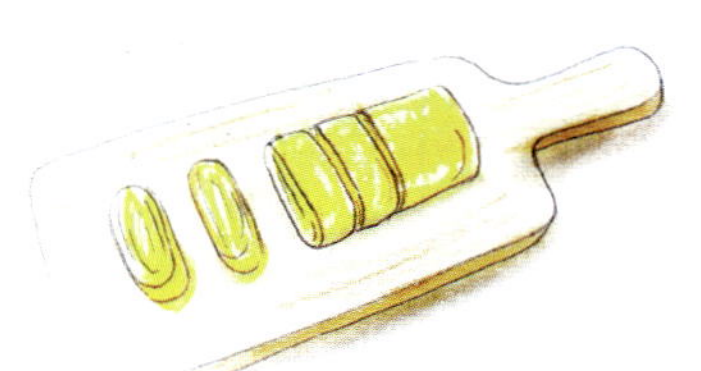

❶ 달걀을 곱게 풀어 흰자가 거의 없는 달걀말이를 만듭니다.

❷ 달걀말이를 반씩 잘라 반원 모양으로 준비합니다.

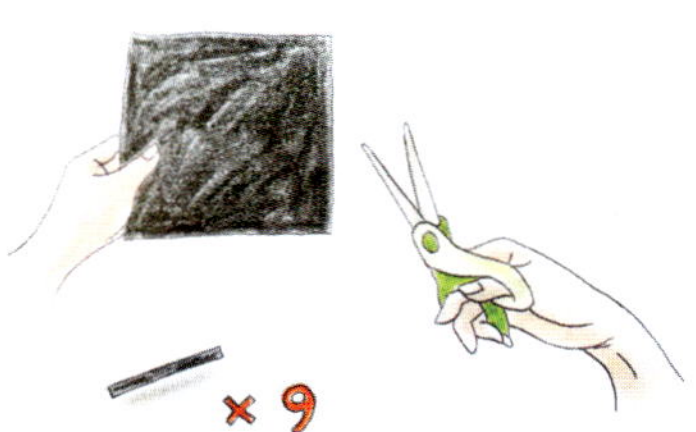

❸ 김은 길게 9줄을 잘라서 준비합니다.

❹ 밥을 둥글게 빚은 뒤 김을 바둑판 모양으로 붙이고 자른 달걀말이를 빙 둘러 놓아 줍니다.

해바라기 캐릭터로 시선을 쏙 붙드는 깔끔 담백 식단

메뉴

어묵뭇국
★ 소고기감자채볶음
★ 섬초무침
백김치

이런 아이에게 좋아요!

지나치게 자극적이지 않으면서도 영양과 맛을 담은 식단이 고민이신가요? 그렇다면 한우 감자채 볶음과 섬초무침을 준비해 보세요. 아이들의 입맛을 책임져 줄 깔끔하고 담백한 식단이랍니다.

소고기감자채볶음

| 재료는? |

소 다짐육 120g,
감자 1~2개,
간장 1큰술,
맛술 1큰술,
매실액 1큰술,
통깨
(또는 파슬리 가루)

감자는 아이들 반찬으로 올라오는 단골 메뉴입니다. 감자는 여러 식재료와 궁합이 맞아서 많이 쓰이고 있어요. 비타민 C가 풍부해서 하루에 감자 2개만 먹어도 하루의 비타민 C 권장량을 모두 섭취할 수 있다고 합니다. 튀겨도 조려도 그냥 쪄도 참 맛있지만, 아이들에게 고기반찬을 색다르게 해 주고 싶을 때 감자채와 함께 볶아 보세요. 맛과 영양이 2배로 커집니다.

❶ 감자는 채를 썰어 찬물에 10분 정도 담가 전분기를 살짝 뺍니다.

감자의 전분기를 빼지 않고 볶으면 끈적한 전분이 계속 나와 고기와 엉켜 식감이 좋지 않아요.

❷ 다진 소고기는 간장 1큰술, 맛술 1큰술, 매실액 1큰술과 함께 양념이 잘 배도록 10분 이상 재워 놓습니다.

❸ 팬을 예열한 후 2번 소고기를 넣고 볶습니다. 고기가 다 익으면 접시에 따로 담아 두세요.

센 불에서 5분 볶아 주세요.

❹ 1번 감자채에서 물기를 없앤 뒤 팬에 볶습니다.

센 불에서 5분, 중간 불에서 5분 볶아 주세요.

❺ 감자채가 익으면 3번의 볶아 놓은 소고기를 넣고 한 번 더 볶아 주세요.

중간 불에서 5분 볶아 주세요.

❻ 접시에 담아 통깨나 파슬리 가루를 뿌려 완성합니다.

섬초무침

| 재료는? |

섬초 한 단, 소금 0.5작은술, 참기름 1큰술, 국간장 1큰술, 들깻가루 1큰술, 통깨

섬초는 전라남도 비금도에서 재배되는 재래종 시금치입니다. 한겨울 바닷바람과 눈서리를 견디느라 땅바닥에 붙어 자라서 모양이 옆으로 퍼진 특징이 있습니다. 성장 환경 때문에 잎이 두꺼워서 삶아도 잘 흐물흐물하지 않아 씹는 맛이 좋고 당도가 높습니다. 일반 시금치보다 신선도가 더 오래 유지된다는 장점도 있어요.

1

2

3

4

❶ 섬초는 뿌리가 단단하고 옆으로 넓게 퍼져 있어요. 밑동을 자르고 4등분해서 물에 깨끗이 씻은 후 끓는 물에 소금 0.5작은술을 넣고 약 2~3분 정도 데쳐 주세요.

❷ 찬물에 헹궈 물기를 꼭 짜서 준비합니다.

❸ 삶은 섬초는 참기름 1큰술, 국간장 1큰술, 들깻가루 1큰술을 넣고 무쳐 주세요.

양념을 섞을 때는 짧은 시간 안에 무쳐야 나물이 흐물거리지 않습니다.

❹ 통깨를 뿌려 마무리합니다.

달걀말이하트김밥

"뒤돌아서면 배고픈 아이들을 위한 든든한 한 끼 간식!"

아이들은 밥을 먹은 지 얼마 되지 않아서 또 먹을 것을 찾기도 하지요. 그럴 때 달걀말이하트김밥을 만들어 주면 배고파하는 아이들을 든든히 챙겨줄 수 있어요. 예쁜 모양은 물론, 다양한 재료가 들어 있어서 영양적으로도 훌륭한 간식이 됩니다.

달걀말이하트김밥은……

김밥은 재료 준비부터 시간이 오래 걸려 간식으로 내기에는 부담스럽습니다. 여기에서 소개하는 하트 김밥은 냉장고에 있는 간단한 재료만으로도 뚝딱 만들 수 있어요. 김밥 속재료로 들어가는 달걀말이는 남으면 다음 식사 시간의 반찬으로 나갈 수 있으니 일석이조입니다.

| 재료는? |

달걀 3개, 양파 $\frac{1}{4}$개, 당근 $\frac{1}{4}$개, 다진 햄 70g, 다진 단무지 70g, 브로콜리 3송이, 김밥용 김 5장

❶ 달걀물에 다진 양파, 당근, 햄, 단무지, 브로콜리를 넣습니다. 소금 간을 해서 잘 섞어 주세요.

❷ 팬에 기름을 두르고 1번 달걀물을 적당히 나눠 달걀말이를 만들어 주세요.

이때 납작하게 눌러 가며 말아야 나중에 모양 잡기가 쉽습니다.

❸ 2번 달걀말이를 한 김 식혀 주세요.

❹ 준비된 달걀말이를 반으로 썰어 주세요. 이때, 직선이 아닌 45도 각도로 비스듬하게 썰어야 합니다.

❺ 사선으로 썰어 나눠진 두 개의 달걀말이를 하트 모양이 되도록 겹쳐 잡고 김으로 싸서 하트가 만나는 부분의 움푹 팬 곳에 밥을 채워 줍니다.

❻ 김 위에 밥을 넓게 펴서 올리고, 5번의 하트 달걀말이를 넣어 김밥을 말아 주세요.

20 사과나무 식판

"슬라이스 햄과 브로콜리, 케첩으로 밥 위에 자란 사과나무!"

햄과 브로콜리만 있으면 어떠한 모양의 나무도 만들 수 있습니다. 여기에 케첩이나 여러 가지 색깔의 식재료를 쓰면 다양한 과일나무 캐릭터가 만들어집니다. 특히 브로콜리를 잘 먹지 않는 아이들에게 예쁜 나무 모양을 만들면 브로콜리에 친근감을 줄 수 있습니다.

엄마의 사과나무 스케치!

❶ 끓는 물에 슬라이스 햄을 데치고 브로콜리도 데쳐서 준비합니다.

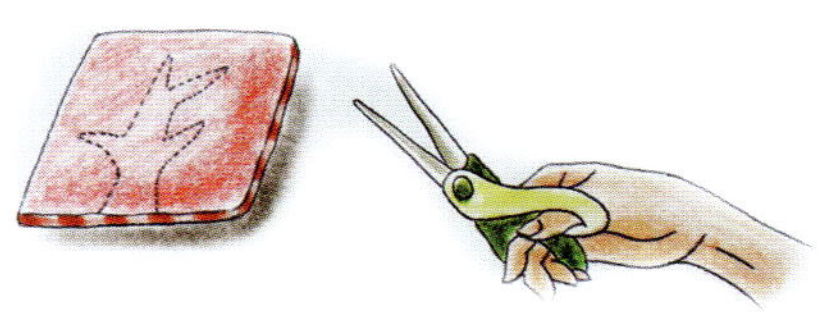

❷ 삶은 햄을 나뭇가지 모양으로 잘라 줍니다.

❸ 데친 브로콜리는 알맞은 크기로 잘라 줍니다.

❹ 밥 위에 나뭇가지 모양의 햄을 올리고 자른 브로콜리를 올려 나무 모양을 만들어 줍니다. 마지막에 케첩을 브로콜리 위에 둥글게 짜 주면 예쁜 사과나무 모양이 완성됩니다.

김으로 나무 무늬를 만들어 주면 더 예쁘게 만들 수 있습니다.

달콤하고 쫄깃해서 재미도 가득한 밥도둑 식단

메뉴

★ 감자채버섯달걀국
조기구이
★ 떡꼬치강정

이런 아이에게 좋아요!

브로콜리를 싫어하는 아이에게 변화를 약간 준 이번 식단은 특별한 밥상이 될지도 모릅니다. 알록달록한 브로콜리 나무에 달걀 맛이 풍부한 버섯 국과 달콤한 떡꼬치 강정이 식사 시간을 즐겁게 할 테니까요. 알록달록한 식사에 눈이 가고 달콤, 담백한 맛에 반하도록 정성을 담아 준비해 보세요.

감자채버섯달걀국

| 재료는? |

멸치 다시마 육수 600㎖,
감자 1~2개,
느타리 버섯 한 줌,
다진 대파 1큰술,
달걀 2개,
새우젓 1큰술

국 끓일 재료가 없을 때 나오는 단골 메뉴가 바로 '달걀국'입니다. 이때 냉장고에 남은 채소를 넣어 함께 끓이면 맛과 영양이 더 좋아집니다. 달걀국에 쓸 달걀 물은 꼭 마지막에 불을 끄고 넣어줘야 거품이 생기지 않습니다.

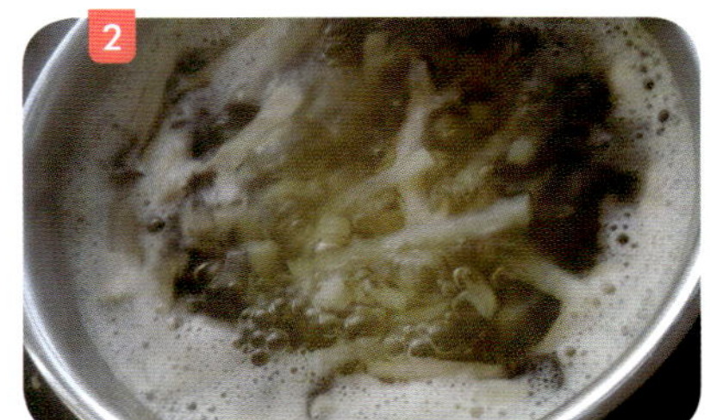

❶ 버섯과 감자는 깨끗이 씻은 후 채를 썰어 준비해 주세요.

❷ 육수가 끓으면 감자와 기호에 따른 채소를 넣고 끓이다가 새우젓으로 간을 맞추세요. 달걀국에는 국간장보다 새우젓으로 간을 맞추면 더 맛있습니다.

센 불로 끓이기 시작해 간을 맞춘 후 중간 불에서 5분 더 끓이세요.

❸ 채소가 모두 익으면 불을 끄고 준비된 달걀물을 빙 돌려 넣어주세요.

떡꼬치강정

| 재료는? |

떡볶이 떡
(꼬치 한 개당
3개 정도 필요),
식용유 3큰술,
조청 3큰술,
견과류 약간

떡꼬치는 남녀노소 누구나 좋아하는 메뉴입니다. 특히 꼬치는 손에 들고 하나씩 빼 먹는 재미가 있어 아이들이 더욱 좋아합니다. 아직 매운 것을 못 먹는 아이들이라면 올리고당이나 조청만 넣어 강정을 만들어 입맛을 살려 주세요. 떡볶이 떡 대신 가래떡을 적당한 크기로 잘라서 사용해도 됩니다.

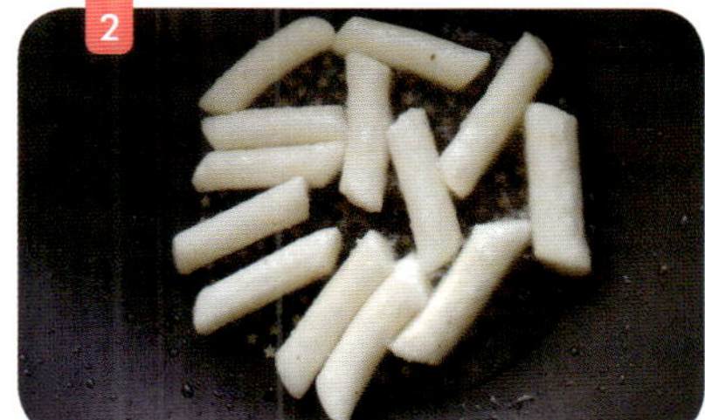

❶ 떡볶이용 떡은 딱딱해야 더 조리하기 쉽습니다. 떡이 너무 말랑말랑하면 팬에 구울 때 눌어붙을 수 있으니 주의하세요.
❷ 팬에 기름을 적당히 두르고 떡을 노릇노릇하게 구워 주세요.
❸ 꼬치에 구운 떡을 꽂은 뒤 조청을 앞뒤로 골고루 발라 주세요. 그 위에 견과류를 솔솔 뿌려 주면 완성됩니다.

21 강아지 식판

"서리태 콩과 밥으로 만든 귀여운 강아지 한 마리!"

여러 가지 재료로 강아지 캐릭터도 다양하게 만들어 볼 수 있습니다. 카레나 짜장이 식단에 들어간다면 강아지 캐릭터로 덮밥을 만들어 보세요. 자주 먹는 밥으로 간단한 동물 모양을 만들어 주면 호기심을 갖고 시도해 볼 수 있는 계기가 됩니다.

엄마의 강아지 스케치!

❶ 밥을 빚어 강아지 모양을 만들어 주세요.

❷ 익힌 서리태를 이용해 눈과 코를 붙여 줍니다.

❸ 케첩으로 입을, 김을 잘라 목줄을 붙여 주면 귀여운 강아지 모양이 완성됩니다. 식판 위에 카레를 적당히 넣고 강아지 모양 밥을 그 위에 살포시 얹어주세요.

언제 먹어도 맛있고 건강한 특별한 식단

| 메뉴 |

★ 감자카레덮밥
★ 훈제오리 파프리카 월남쌈
들깨시금치무침

이런 아이에게 좋아요!

귀여운 강아지 한 마리가 찾아온 밥상에 어떤 마법을 부려 볼까요? 아이들이 좋아하는 훈제 오리고기를 곁들이고 기름기를 없애 줄 아삭하고 특별한 채소 반찬을 차려 주세요. 밥 한 그릇은 가볍게 비워낼 수 있는 카레와 아이도 모르게 채소를 듬뿍 먹을 수 있는 월남쌈으로 오늘 한 끼도 든든하며 풍성한 밥상이 될 거예요.

감자카레덮밥

| 재료는? |

감자 2개,
당근 1개,
양파 1개,
애호박 1개,
카레 가루 100g,
멸치다시마육수 800ml,
전분물 2큰술

다년생허브인 강황은 말려서 가루를 만드는데 우리가 좋아하는 카레에 들어가는 재료입니다. 강황에는 면역력을 높여주는 다양한 성분이 들어 있어서 아이들이 먹으면 겨울철 감기를 막아주거나 각종 질병을 예방하는 데에 도움이 됩니다. 또 타박상, 근육통, 관절염 등을 낫게 하는 데에 효과가 좋은 커큐민이 들어 있어서 여기저기 다치는 일이 많은 아이들에게 좋은 음식이지요.

❶ 채소는 먹기 좋은 크기로 깍둑썰기 합니다.

❷ 팬에 올리브유를 살짝 두르고 볶습니다.

❸ 채소가 익으면 육수를 부어서 끓여요. 중간에 올라오는 거품은 수시로 걷어 냅니다.

채소는 기호에 따라 준비하세요. 여기에서는 반찬에 고기류가 있어 카레에 따로 고기를 넣지는 않았습니다.

❹ 채소가 익으면 약한 불로 줄이고 카레를 개어 놓은 카레 물을 넣고 저어 주세요. 카레가 어느 정도 끓으면 전분물 2큰술을 넣고 걸쭉한 느낌이 될 때까지 저어 주면 완성됩니다.

아이들에게는 카레 양념이 강하게 느껴질 수 있어 어른용 카레에 전분을 섞거나, 어린이용 카레를 사용해주세요.

훈제오리파프리카월남쌈

| 재료는? |

훈제 오리 150g,
노랑 파프리카 1개,
주황 파프리카 1개,
라이스페이퍼 5장,
뜨거운 물 500ml,
땅콩소스 100g,
견과류

오리고기에는 기름이 많지만 수용성이어서 물에 잘 녹고 몸에 흡수되지 않습니다. 또 비타민 C, B1, B2 함량이 높아서 집중력과 지구력을 높여주어서 공부하는 학생에게 아주 좋지요. 칼슘, 인, 칼륨, 철 등 미네랄 성분도 풍부해 어린이 성장발육에도 탁월하고 신장 기능 개선에 효과가 좋아서 몸속 독소를 내보내는 데에 좋습니다.

아이들이 잘 먹지 않는 채소로 아이들과 함께 월남쌈을 만들어 보세요. 땅콩소스에 콕 찍어서 맛있게 먹일 수 있답니다.

❶ 파프리카는 깨끗이 씻어 꼭지를 떼고 안의 씨를 모두 없애 주세요.
❷ 약 4~5cm 길이로 채를 썰어 준비하고, 오리고기는 팬에 살짝 볶아 준비합니다.
❸ 라이스페이퍼 위에 1, 2번 재료를 올리고 잘 감싼 후 반을 비스듬하게 잘라 줍니다.

미니 파르페

"집에서 맛보는 카페 전문점의 달콤한 디저트!"

카페에서 파는 파르페는 신선하지 않은 냉동 과일을 자주 쓰고 단맛을 확실히 내기 위해 시럽을 많이 뿌립니다. 그렇다 보니 아이가 좋아하는 모습을 보면서도 엄마 마음이 편치 않지요. 그럼 아이가 좋아하는 카페 디저트를 직접 더 건강하게 만들어 주면 어떨까요? 집에서 만든 파르페로 마치 카페에 놀러 온 기분이 들 거예요.

미니 파르페는……

여러 과일과 요거트로 만든 파르페는 아이들의 인기 간식 메뉴입니다. 집에서 이런 디저트를 만들어 주면 아이들의 입맛을 돋우는 데 좋겠지요? 과자와 아이스크림을 빼면 바쁜 아침, 어른들의 간단한 아침 식사 대용으로도 활용할 수 있어요.

| 재료는? |

플레인 요거트 200g, 딸기 12알, 바나나 1개, 시리얼 200g, 견과류, 바닐라 아이스크림 2스쿱

1. 플레인 요거트와 여러 과일과 시리얼, 견과류 등을 준비합니다.
2. 투명한 컵에 딸기를 반으로 자른 면이 바깥으로 보이도록 컵 바닥에 둥글게 붙여 주세요.
3. 그 위에 요거트를 넣고 시리얼과 과일을 차례대로 담아 주세요.
4. 맨 위에 바닐라 아이스크림을 올리고 견과류로 장식한 뒤 취향에 따라 아몬드 막대 과자를 꽂으면 완성됩니다.

22 심슨 가족 식판

"색이 많이 필요하지 않아서 간단한 만화 캐릭터!"

요즘 아이들은 TV나 인터넷을 통해 다양한 만화를 만나게 됩니다. 오늘은 심슨 가족을 밥상에 등장시킬 거예요. 심슨 가족은 달걀지단만 있으면 누구나 손쉽게 만들 수 있답니다. 아이들이 좋아하는 만화 캐릭터를 이용하면 밥상을 친숙하게 느낄 거예요.

엄마의 심슨 가족 스케치!

❶ 달걀을 노른자만 따로 풀어 지단을 부쳐 주세요.

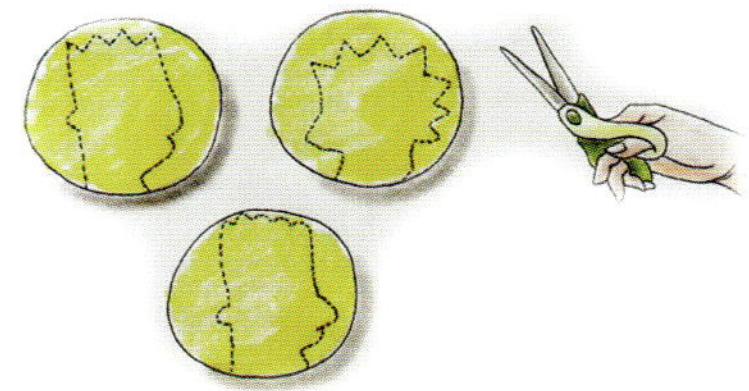

❷ 만든 노른자 지단을 대략적인 캐릭터 외형으로 잘라 줍니다.

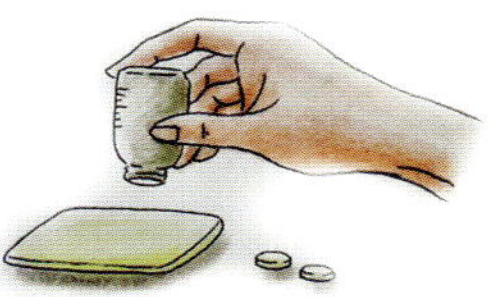

❸ 눈은 치즈에 약병을 대고 찍어서 준비합니다.

❹ 눈썹과 눈동자, 코, 입 등은 김을 잘라 붙여 주고 목걸이 모양과 같은 작은 동그라미는 빨대를 이용해 치즈에 대고 찍어 주거나 케첩을 이용하면 쉽게 만들 수 있습니다.

구수한 맛으로 외식하는 느낌을 주는 화려한 식단

| 메뉴 |

★ 돈가스탕수육
감자당근채볶음
냉이된장국
백김치

이런 아이에게 좋아요!

아이들과 함께 밖에 나가서 밥을 사 먹는 것도 쉬운 일은 아닙니다. 그렇지만 집에서 매번 똑같은 밥과 반찬으로 꾸려내는 식탁도 아이들에게 흥미를 불러일으키기는 어렵지요. 집에서 외식하는 느낌이 들도록 밥상을 차려주는 것은 어떨까요? 특별하지만 쉽고, 화려하지만 간단한 메뉴 한 가지만 있으면 어렵지 않답니다.

돈가스탕수육

| 재료는? |

간장 2큰술,
설탕 2큰술,
매실액 1큰술,
식초 2큰술,
생강즙 1작은술,
물 3큰술,
레몬즙 2큰술,
파인애플 조각 100g,
전분물 2큰술

케첩이나 돈가스소스는 너무 평범하지요. 엄마가 만든 탕수육소스를 돈가스에 곁들이면 어떨까요? 파인애플 조각을 넣어 상큼하고 달콤한 맛이 아이들 입맛을 사로잡기에 충분합니다.

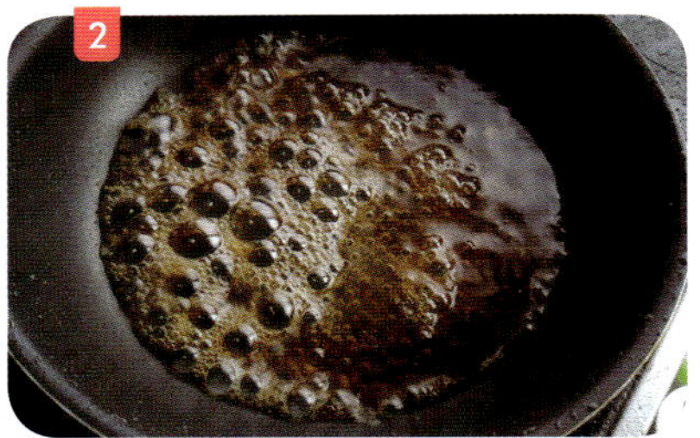

❶ 재료를 준비해 주세요. 소스를 만들 때 레몬즙 대신 레몬 청을 쓰면 설탕 또는 매실액의 양을 줄일 수 있어요.

❷ 팬에 1번 재료를 넣고 끓여 주세요.

❸ 소스가 끓으면 파인애플 조각을 알맞게 넣어주세요.
전분물 2큰술을 넣고 걸쭉해질 때까지 저어 가며 끓여 주세요.

❹ 그릇에 담아 뜨거운 김을 식힌 다음 돈가스 위에 뿌려 주세요.

돈가스 만드는 법은 챕터 5 베틀짜기 식판을 참고해 주세요.

MEMO

브로콜리멜론주스

"상큼함을 더해 맛과 건강을 챙긴 특별한 주스!"

아이들에게 채소주스는 병원 약과 같은 느낌을 줍니다. 좋아하지 않는 채소 특유의 맛과 냄새 때문에 더욱 꺼리는 아이들이 많을 텐데요. 채소만 갈아서 만들기보다 달콤함을 주는 특별한 과일과 함께 주스를 만들어 보면 어떨까요? 좋은 영양소가 가득한 채소와 과일이 만나 만드는 찰떡궁합 채소과일주스를 소개합니다.

브로콜리멜론주스는 ……

브로콜리는 비타민 C가 레몬의 2배나 되고, 비타민 A를 비롯한 비타민 B, 칼륨, 인, 미네랄, 칼슘 등이 풍부한 영양 식품입니다. 항암 효과는 물론, 감기 예방에도 효과가 좋습니다.

멜론은 칼륨이 풍부하고 비타민 A가 많은 브로콜리와 함께 먹으면 눈의 피로와 건강에 큰 도움이 됩니다. 달콤한 멜론이 브로콜리의 풋내를 없애 주어 멜론과 브로콜리를 함께 갈아 주스로 만들면 건강에도 좋은 특별한 영양 주스가 만들어집니다.

| 재료는? |

브로콜리 5~6송이, 멜론 6~7조각, 배즙 150ml

❶ 브로콜리는 깨끗이 씻어 끓는 물에 소금 1작은술과 함께 살짝 데쳐 줍니다. 멜론은 속의 씨를 없애고 알맞게 잘라 주세요.

❷ 1번 브로콜리와 멜론을 믹서기에 넣고 배즙 150ml와 함께 곱게 갈아 주세요.

❸ 2번에서 만든 멜론 주스를 컵에 담아 예쁘게 장식합니다.

23 스케이트 식판

"달걀흰자와 김만으로 간단하게 만드는 밥 위의 스포츠!"

밖에 나가서 노는 것을 좋아하지 않는 아이도 있지요. 그런 아이들에게 운동에 흥미를 붙일 수 있도록 해보는 것은 어떨까요? 피겨 선수 김연아 선수를 떠올리게 하는 스케이트화도 좋고 축구 선수 박지성의 운동화도 좋지요. 활동적이지 않은 아이들에게 이번 캐릭터 요리가 흥미를 불러일으킬 수 있는 식단이 되기를 기대합니다.

엄마의 스케이트 스케치!

❶ 달걀을 흰자만 풀어 지단을 부칩니다.

❷ 스케이트 신발 모양으로 흰자 지단을 잘라 주고 김은 스케이트 날과 신발 끈 모양으로 잘라 줍니다.

❸ 밥 위에 모든 재료를 알맞게 올립니다.

❹ 마지막에 케첩으로 장식해 주면 완성됩니다.

부드러움과 시원함이 만난 바닷가 식단

| 메뉴 |

★ 모시조개순두부국
★ 생선가스
시금치무침
닭고기감자조림

이런 아이에게 좋아요!

입맛을 돋우는 짭조름한 조개 국물과 부드러운 순두부를 큼직하게 떠먹는 시원한 식단! 조개 국물이 쏙 배어 있는 두부를 먹는 재미를 아이에게 알려 줘도 좋아요. 비린내 때문에 생선을 잘 안먹는 아이들도 있지요. 그럴 때 살이 희고 비린내가 적은 동태를 아이 입맛에 맞게 생선가스로 바꾸어 주면 훌륭한 밥상이 됩니다.

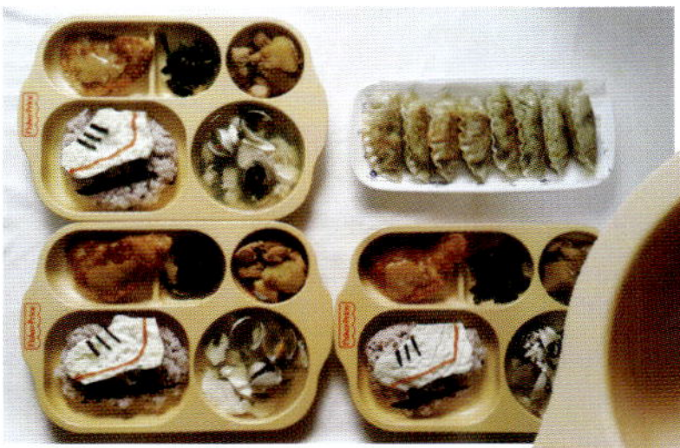

모시조개순두붓국

| 재료는? |

멸치다시마육수 600㎖,
모시조개 150g,
다진 마늘 0.5큰술,
양파 $\frac{1}{2}$개
애호박 $\frac{1}{2}$개
순두부 200g,
국간장 1큰술,
다진 대파 1큰술

모시조개는 필수 아미노산이 풍부하고 단백질 함유량이 달걀과 같을 정도로 수산물 중에서도 높은 편에 속하지요. 조개류는 소화 흡수가 잘되어 어린이와 노약자에게 영양식으로 아주 좋지만 너무 오래 끓이면 질겨지는 단점이 있습니다. 그래서 국물 우려내기가 아니라면 센 불에서 단시간 조리해야 합니다.

순두부 또한 단백질 양이 40% 이상이고, 섬유질, 칼슘, 아미노산, 각종 무기질 등이 풍부해 어린이들에게 아주 좋습니다. 이 순두부와 모시조개의 조합은 영양으로 최고입니다.

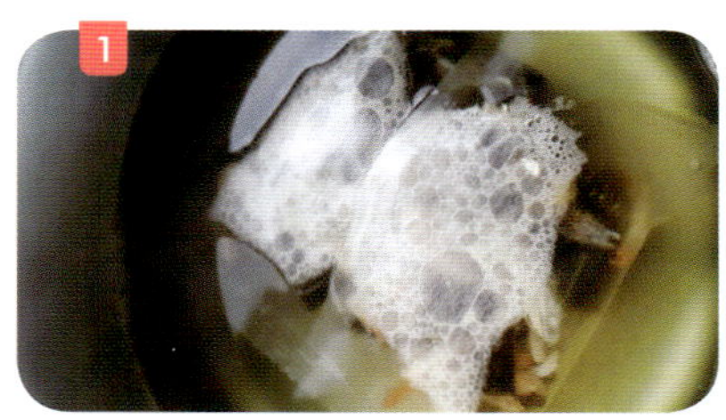

❶ 수산물 종류의 국에는 멸치 다시마 육수가 더 잘 어울립니다. 미리 준비한 육수가 없다면 시판용 국물 팩을 써 보세요. 팩 안에 여러 육수 재료가 있어 아주 간편합니다.

❷ 깨끗이 씻고 소금물에 10분 정도 담가 해감 시킨 모시조개를 준비해주세요.

해감시킬 때, 가위나 동전을 함께 넣어주면 해감이 더 잘됩니다.

❸ 육수가 끓으면 다진 마늘 0.5큰술과 채소를 넣고 끓이다가 조개를 넣어주세요.

❹ 국간장으로 간을 맞춘 뒤, 마지막에 순두부와 대파를 넣고 한 번 더 끓여 주세요. 너무 오래 끓이면 조개가 질겨지므로 센 불에서 3분 이내로 끓여 냅니다.

생선가스

| 재료는? |

동태 살 6~7조각,
소금과 후춧가루,
튀김 가루 100g,
(또는 부침 가루)
달걀 2개,
빵가루 150g,
식용유 5큰술

—

으깬 달걀 1개,
다진 양파 반 개,
다진 오이피클 2큰술,
마요네즈 4큰술,
레몬즙 1큰술,
소금 한 꼬집,
후춧가루

생선 가스는 동태나 대구로 손쉽게 만들 수 있는 요리입니다. 흰살생선인 동태는 비린내가 덜하고 두툼한 생선 살을 발라 먹는 재미도 쏠쏠합니다. 무엇보다 지방이 적고 단백질이 많아 담백한 맛이 일품입니다. 어른들은 물론, 아이들도 부담 없이 먹을 수 있는 요리이기도 하지요.

❶ 동태 살을 준비해 소금과 후춧가루를 적당히 뿌리고 레몬 즙을 두세 방울씩 떨어뜨려 밑간을 한 뒤 30분 정도 재워 둡니다.

❷ 튀김 가루 혹은 부침 가루나 달걀물, 빵가루를 준비합니다.

❸ 1번의 동태 살을 2번의 튀김 가루→달걀물→빵가루 순서대로 묻혀서 기름을 두른 팬에 앞뒤로 노릇노릇하게 튀깁니다.

중간 불에서 튀겨 주세요.

❹ 그릇에 담고 소스를 곁들여 냅니다.
생선가스에는 상큼한 타르타르소스가 잘 어울려요. 소스 재료들을 모두 넣고 섞어 주세요.

24 피카츄 식판

"달걀노른자로 쉽게 만든 인기 캐릭터 '피카츄'!"

아이들에게 큰 인기를 얻고 있는 포켓몬스터! 이 캐릭터에서도 많은 사랑을 받는 피카츄를 밥상 위에 그려 보겠습니다. 만화 캐릭터라서 만들기 복잡하고 어려울 거라는 걱정은 접어 두세요. 달걀, 김, 케첩, 치즈만 있으면 뚝딱 만들어지는 쉬운 캐릭터이니까요.

엄마의 피카츄 스케치!

❶ 달걀을 노른자만 풀어 지단을 부쳐 주세요.

❷ 노른자 지단을 피카츄 모양으로 잘라 주세요. 김을 이용해 눈, 코, 입, 귀 모양을 잘라 주세요.

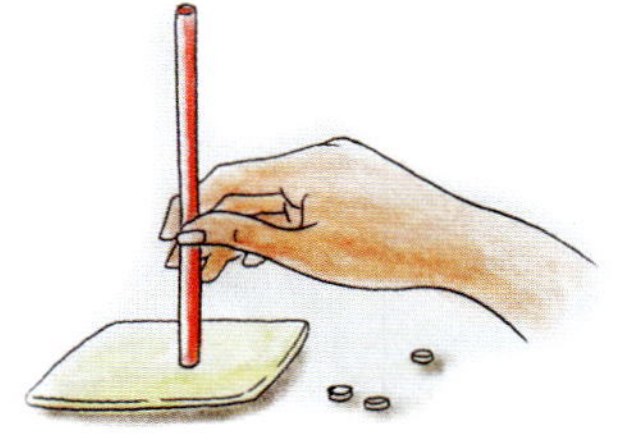

❸ 빨대를 치즈에 대고 찍어 눈동자를 만들고 밥 위에 모든 재료를 올려 주세요.

❹ 케첩으로 양 볼을 찍어 주면 완성됩니다.

고소하고 바삭바삭한 생선으로 만든 영양 밥상

| 메뉴 |

- ★ 콩나물두부국
- ★ 브로콜리참깨소스
- 고등어구이
- ★ 견과류멸치볶음

이런 아이에게 좋아요!

한창 자라는 아이들에게 꼭 필요한 칼슘! 자연스럽고 건강하게 먹이려면 멸치만 한 반찬이 없습니다. 여기에 견과류까지 넣어 주면 고소함이 더해져서 더욱 손이 가는 반찬이 될 수 있습니다. 너무 딱딱하지 않게 달콤하면서도 영양이 가득한 멸치볶음으로 건강한 한 끼를 챙겨 주세요.

콩나물두붓국

| 재료는? |

멸치다시마육수 600ml,
콩나물 한 줌,
두부 모,
다진 $\frac{1}{2}$마늘 0.5큰술,
국간장 1큰술,
다진 대파 1큰술

콩이 어두운 곳에서 발아하며 콩나물이 되는 과정에서 향이 풍부해지고 영양소가 많아집니다. 콩나물을 두 줌 정도 먹으면 하루 비타민 권장량이 모두 섭취되고, 숙변 제거 등 우리 몸의 독소를 없애 아이들의 감기 예방에도 큰 효과가 있습니다. 콩나물은 머리와 줄기가 적당히 통통하고 노란색을 띠며, 검은 반점이 없는 것이 좋습니다.

아이가 콩나물을 싫어한다면, 콩나물로 요리하기 전에 같이 콩나물을 함께 다듬게 해 보세요. 직접 느끼면서 콩나물에 반감을 버리고 재미를 느끼면 그전보다 잘 먹을 수 있어요.

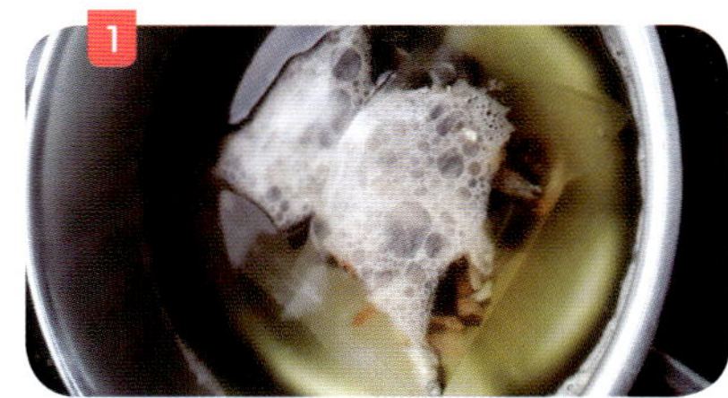

❶ 멸치 다시마 육수를 준비해 주세요.
❷ 콩나물은 잔뿌리를 다듬고 깨끗이 씻어 준비합니다.
❸ 두부는 먹기 좋은 크기로 썰어서 준비하세요.
❹ 센 불에서 육수가 끓으면 다진 마늘 0.5큰술을 넣고 콩나물을 넣고 약 10분간 끓이다가 마지막에 두부와 대파를 넣고 국간장으로 간을 맞춰 완성합니다.

이때 냄비 뚜껑을 열고 끓여야 비린내가 나지 않아요.

견과류멸치볶음

| 재료는? |

지리 멸치 200g,
간장 1작은술,
참기름 1작은술,
견과류 한 줌,
올리고당 1큰술,
통깨

칼슘 덩어리 멸치는 어린이에게 최고의 밑반찬입니다. 멸치를 꾸준히 먹으면 불안과 짜증이 완화됩니다. 멸치는 어린 시절부터 꾸준하게 섭취해야 효과가 좋아요. 아이들에게 멸치 반찬을 해 줄 때는 크기가 작은 멸치를 고르고 약하게 간하는 것이 좋습니다.

❶ 멸치는 체에 밭쳐 가루를 털어 주세요. 팬을 예열한 뒤 기름을 두르지 않고 멸치를 넣어 저으며 수분을 날려 줍니다. 멸치가 노릇해지면 불을 약한 불로 줄여 주세요.

약한 불에서 10분간 타지 않게 계속 저으며 볶아 주세요. 아이용 멸치 볶음은 크기가 가장 작은 지리 멸치가 좋아요. 큰 멸치는 아직 씹기에 약한 아이들의 입에 상처를 줄 수 있어요.

❷ 기호에 따라 견과류를 준비합니다. 견과류는 미리 한 번 팬에 살짝 볶아서 준비해 주세요.

❸ 1번에 간장 1작은술, 참기름 1작은술을 넣고 중간 불에서 약 2분간 빠르게 볶아 주세요. 그런 다음 약한 불에서 2번의 견과류를 넣고 올리고당 1큰술을 넣고 한 번 더 섞어 주세요.

❹ 불을 끄고 통깨를 넣어 섞어 준 뒤 그릇에 넓게 펴서 김을 빠르게 식혀 주세요. 김을 빨리 식혀 줘야 멸치가 바삭해집니다.

25 먹구름 식판

"우중충한 날씨에도 아이들의 기분을 바꿔 줄 특별한 캐릭터!"

비가 오거나 천둥 번개가 치는 날을 유난히 무서워하는 아이들. 이런 아이들에게는 그날 밥을 더 먹이기 힘듭니다. 우울해하는 아이들이 무서워하는 대상을 캐릭터로 귀엽게 만들어 주어 친숙함을 주면 어떨까요?

엄마의 먹구름 스케치!

❶ 밥을 빚어 구름 모양을 만듭니다.

❷ 서리태와 김으로 눈과 입을 만들어 주세요.

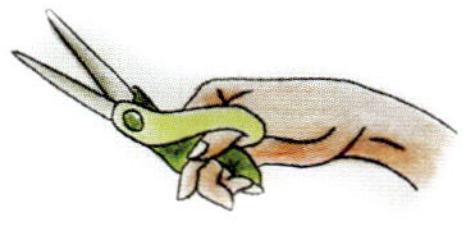

❸ 치즈를 물방울 모양으로 잘라 구름 밑에 붙여 줍니다.

❹ 케첩으로 양 볼을 꾸며 주면 완성됩니다.

비 오는 날 기분전환을 돕는 상큼 발랄 식단

메뉴

소고기미역국
★ 새우사과월남쌈
★ 파프리카돼지고기볶음
김자반
닭고기감자조림

이런 아이에게 좋아요!

눈과 입을 즐겁게 해 주는 월남쌈과 돼지고기를 이용해 채소를 먹게 하면 어떨까요? 쌀국수와 함께 대표 베트남 요리인 월남쌈은 오색 빛이 먹음직스러워 부담 없이 채소를 먹게 하는 요리이기도 해요. 또 돼지고기와 함께 요리한 파프리카도 색다른 먹거리가 될 수 있습니다. 짠맛이 나면서 독특한 향을 더해 줘 볶음 요리에 많이 쓰이는 굴소스로 상큼한 맛도 더해 보세요.

새우사과월남쌈

| 재료는? |

맛살 100g,
당근 $\frac{1}{2}$개,
마늘종 80g,
사과 $\frac{1}{2}$개,
간장 1작은술,
설탕 0.5작은술,
칵테일새우 100g,
후춧가루,
뜨거운 물 500ml,
라이스페이퍼 6~7장

인기 있는 베트남 음식인 월남쌈은 각종 채소와 고기를 라이스페이퍼에 싸서 땅콩소스를 찍어 먹는 요리입니다. 베트남 전쟁 직후 호주에 정착한 베트남인들이 차린 식당의 인기 메뉴가 바로 월남쌈과 쌀국수였습니다. 월남쌈은 자극적이지 않으면서도 여러 채소를 먹을 수 있어 웰빙 식품으로 널리 알려져 있지요.

라이스페이퍼는 쌀을 곱게 빻아 물을 붓고 반죽한 뒤 적당량을 팬 위에 살짝 붓고 구워서 대나무 틀 위에서 말린 식재료입니다. 뜨거운 물에 적신 라이스페이퍼는 쫀득하고 서로 잘 붙어서 재밌는 식감으로 아이들이 좋아합니다.

1

2

3

4

5

6

❶ 맛살과 당근, 마늘종은 약 5cm 길이로 얇게 채를 썰어 준비합니다.
❷ 손질한 채소는 팬에 따로따로 볶아 주세요. 이때 소금을 한 꼬집씩 넣어서 볶습니다.

> 마늘종은 끓는 물에 소금을 1작은술 넣어 삶은 뒤 팬 위에서 간장 1작은술과 설탕 0.5작은술을 넣고 볶아 주시면 특유의 향이 사라져 아이들에게 잘 먹일 수 있어요.

❸ 칵테일새우는 끓는 물에 데치거나 팬에 후춧가루를 약간 뿌리고 볶아 줘도 됩니다.
❹ 모든 쌈 재료를 접시에 담아 주세요.
❺ 뜨거운 물에 적신 라이스페이퍼 위에 4번 재료들을 조금씩 얹고 잘 말아 주세요.
❻ 5번 쌈을 사선으로 잘라 주면 채소들 색이 잘 보여 그릇에 담을 때 더 예쁘답니다.

파프리카돼지고기볶음

| 재료는? |

돼지고기 목살 150g,
파프리카 1개,
올리브유 2큰술,
다진 마늘 0.5작은술,
굴소스 1큰술,
통깨
(혹은 파슬리 가루)

파프리카의 향미는 돼지고기의 잡내를 없애 주고 육질을 부드럽게 해 주어 궁합이 잘 맞는 식재료입니다. 여기에 굴소스를 더해 주면 맛있는 한 끼 밥반찬이 됩니다.

❶ 돼지고기는 살코기로 잘게 썰어 준비하고, 파프리카도 먹기 좋은 크기로 깍둑썰기 합니다.

❷ 센 불에서 팬에 올리브유를 두르고 다진 마늘을 0.5작은술 먼저 볶아 마늘 기름을 만들어 주세요. 그 위에 돼지고기를 넣고 볶아 주세요.

❸ 2번의 돼지고기가 익으면 준비해 둔 파프리카를 넣고 굴소스를 1큰술 넣은 뒤 양념이 잘 밸 때까지 볶아 주세요.

❹ 접시에 담고 통깨 혹은 파슬리 가루를 뿌려 완성합니다.

궁중떡볶이

"맵지 않고 아이들 입맛을 사로잡는 달콤 쫀득 떡볶이!"

고추장이 주재료인 떡볶이는 원래부터 이런 매운맛은 아니었습니다. 조선 시대 궁중 떡볶이는 소고기와 표고버섯, 양파, 당근 등 고기와 채소, 떡을 함께 넣고 간장에 졸여 만들었지요. 특히 소고기와 표고버섯의 검은색, 양파의 흰색, 당근과 홍고추의 붉은색, 풋고추의 파란색, 황백지단의 고명으로 노란색을 모두 갖춘 오행 색으로 몸의 오장육부를 보하는 과학적인 음식이기도 했어요. 지금은 흔한 음식이지만 옛날에는 궁에서만 먹던 궁중 떡볶이, 집에서 간편하게 만들어 볼까요?

궁중떡볶이는……

궁중떡볶이는 자극적이고 매운맛을 좋아하지 않는 어른들이나 아이들 모두에게 사랑받지요. 특유의 달짝지근한 맛이 입맛을 사로잡아 간식 이상으로 인기 만점인 간식입니다. 오래전부터 유래해 지금까지 전해 내려온 우리 고유의 간식을 든든하게 준비해 보세요.

| 재료는? |

떡 150g, 소고기 20g, 멸치 다시마 육수 300ml, 표고버섯 1개, 당근 $\frac{1}{2}$개, 양파 $\frac{1}{6}$개, 대파 1개

—

간장 30ml, 설탕 1큰술, 배즙 2큰술(매실액 1큰술), 다진 마늘 1작은술, 참기름 1큰술, 후춧가루

❶ 재료를 준비합니다. 고기는 얇게 썬 고기로 준비합니다.

❷ 멸치 다시마 육수 300ml를 넓은 팬에 넣고 끓이다가 육수가 끓으면 준비된 떡과 양념장을 모두 넣어주세요. 양념장이 끓기 시작하면 고기를 넣어줍니다.

❸❹ 불을 중간 불로 줄이고 대파를 얹어 10분 정도 더 끓입니다.

민들레 식판

"달걀지단으로 봄 향기 물씬 나는 민들레 식판!"

매서운 추위를 이겨낸 후 맞는 봄은 누구에게나 설렘의 대상입니다. 하지만 최근 심각한 문제로 떠오르고 있는 미세먼지 때문에 우리 아이들이 마음 놓고 밖에서 뛰어놀 수 없지요. 그래도 싱그러운 계절을 맞아 엄마표 식판 위에 예쁜 봄꽃 하나로 아이들의 봄 감성을 띄어주는 것은 어떨까요?

엄마의 민들레 스케치!

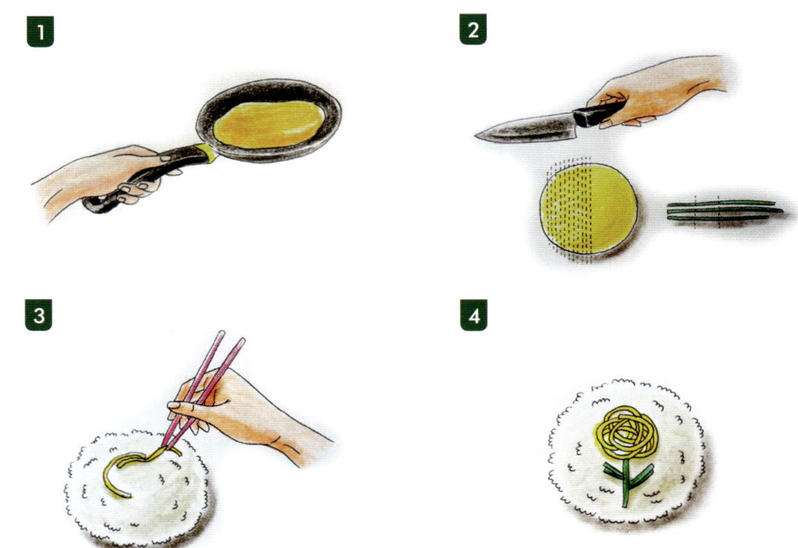

❶ 달걀을 풀어 노른자 지단을 만들어 주세요.
❷ 노른자 지단을 약 7mm 두께로 길게 잘라서 준비합니다.
부추는 깨끗이 씻어 약 4~5cm의 길이로 잘라서 준비합니다.
❸ 밥 위에 잘라 놓은 노른자 지단을 둥글게 돌리며 올려 줍니다.
❹ 어느 정도 꽃 모양이 완성되면 잘라 놓은 부추로 줄기와 잎을 만들어 줍니다.

뿌연 하늘
미세먼지를 날려줄
시원한 식단

메뉴

소고기뭇국
★ 도라지강정
★ 우삼겹콩나물볶음
콩가루 시금치무침

이런 아이에게 좋아요!

동의보감에 도라지는 '성질이 차고 맛은 맵고 쓰며 약간의 독이 있어 목, 코, 가슴의 병을 다스린다'라고 적혀 있을 정도로 예로부터 감기와 기관지의 질환에 널리 쓰여 왔습니다.

도라지에는 사포닌, 이눌린, 미네랄 등의 영양소가 풍부해 기침과 가래를 삭여주고 면역력 강화에 큰 도움이 됩니다. 평소 감기에 잘 걸리거나 기관지가 약해 기침, 가래가 심한 아이가 있다면 쓴맛을 제거한 도라지강정으로 아이의 건강을 챙겨주세요.

도라지강정

| 재료는? |

도라지 100g,
튀김 가루 3큰술,
전분 가루 1큰술,
조청 2큰술,
견과류

도라지가 기관지 질환에 탁월한 효과가 있다는 건 잘 알지만, 기본적으로 씁쓸한 맛을 가지고 있어 아이들이 먹기에는 무리가 있죠. 쓴맛을 제거한 도라지를 부드럽게 펴서 튀김 요리로 만들어보세요. 달콤하고 바삭한 식감으로 아이들이 거부감을 전혀 느끼지 않고 맛있게 먹을 수 있어요.

❶ 도라지는 찬물에 1시간 정도 담가 쓴맛을 제거합니다.
❷ 1번 재료를 도마 위에 펼쳐놓고 식감을 부드럽게 만들기 위해, 칼등으로 두드려 살짝 펴줍니다.
❸ 펴진 도라지에 전분 가루를 골고루 버무려줍니다.

전분 가루는 도라지에 튀김옷이 잘 입히도록 도와줍니다.

❹ 미지근한 물 100ml에 튀김 가루 3큰술을 넣고 잘 섞어 튀김 반죽을 만들어주세요.
❺ 예열한 팬에 기름을 넉넉히 두르고 3번 재료를 4번 튀김 반죽을 입혀 노릇노릇 튀겨주세요.
❻ 유산지에 튀긴 도라지를 넓게 펴서 기름을 빼줍니다.
❼ 팬에 조청 2큰술 넣고 약한 불로 끓여주세요. 조청이 끓기 시작하면 불을 끕니다.
❽ 끓인 조청 위에 튀긴 도라지를 넣고 잘 섞어주세요.
❾ 그릇에 담고 견과류를 솔솔 뿌려 마무리합니다.

우삼겹콩나물볶음

| 재료는? |

우삼겹 200g,
콩나물 100g,
참기름 1큰술,
깨소금

—

간장 1큰술,
설탕 1큰술,
맛술 1큰술,
다진 마늘 1작은술

우삼겹은 소의 복부 중앙 아랫부분에서 차돌박이, 갈비를 분리해 나오는 '업진살'의 다른 이름입니다. 소 한 마리당 약 3.4kg 정도 나오는 이 부위는 살코기가 질기지 않고 근육 사이 지방이 많아 소고기 부위 중 육즙이 가장 뛰어나지요. 씹는 느낌이 부드러워 아이들이 먹기에 가장 좋은 부위이고, 특히 얇게 썰어 채소와 곁들어 먹으면 소고기의 고소함을 더욱 증가시킬 수 있습니다.

❶ 우삼겹은 해동된 상태로 두고, 콩나물은 잘 다듬어서 준비합니다.
❷ 볼에 우삼겹을 넣고 양념장 재료를 잘 섞어 준비합니다.
❸ 우삼겹에 양념장을 조물조물 버무려 30분 정도 숙성시킵니다.
❹ 예열한 팬에 식용유 1큰술을 두르고 3번의 우삼겹과 콩나물을 넣고 볶아줍니다.
❺ 콩나물의 숨이 죽으면 참기름 1큰술을 두르고 한 번 더 볶아줍니다.
❻ 그릇에 담고 통깨를 뿌려 마무리합니다.

레고 식판

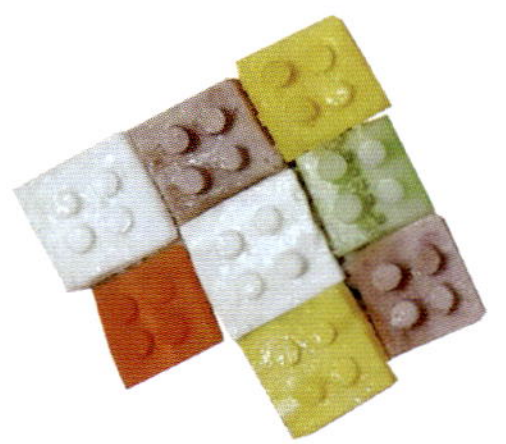

"알록달록 레고 조각이 올라간 개구쟁이 식판!"

레고는 아이나 어른 할 것 없이 전세계 사람들에게 사랑받는 인기 장난감이죠.

밥상 위에 올려진 오색빛깔의 레고 모양은 식사 시간에 흥미를 잃은 아이들에게 큰 즐거움을 줄 수 있답니다. 평소에 잘 먹지 않는 당근이나 오이를 이용해서 예쁜 레고 모양의 식판을 만들어보세요.

엄마의 레고 스케치!

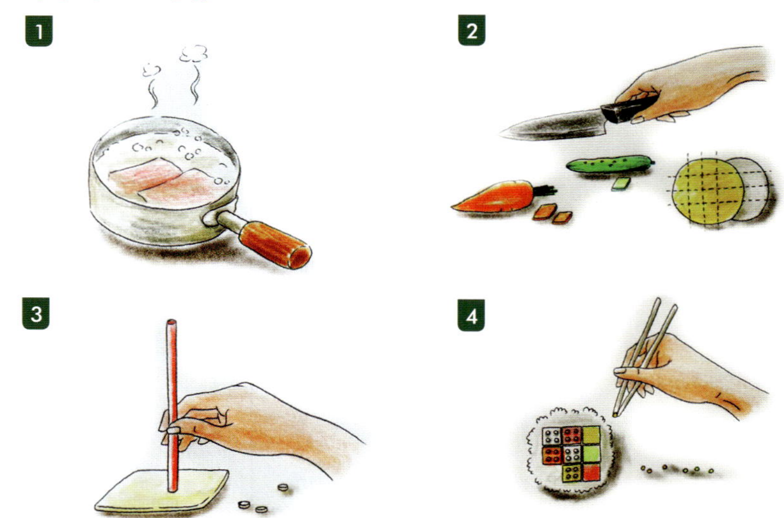

❶ 햄과 당근은 끓는 물에 살짝 데쳐서 준비합니다.
❷ 달걀은 흰자와 노른자로 분리해 지단을 부쳐 주고, 오이는 껍질을 까서 준비합니다.
❸ 모든 재료를 같은 크기의 정사각형으로 잘라 주세요.
❹ 그다음 빨대로 치즈에 구멍을 내 작은 원을 만들어 주세요.

정사각형 모양 하나에 빨대 크기의 동그라미 4개가 필요합니다. 빨대로 재료를 콕 찍어 입으로 불어 주면 동그란 모양의 재료가 쏙 빠집니다.

❺ 밥 위에 정사각형으로 자른 모든 재료를 예쁘게 얹고 젓가락으로 작은 치즈 동그라미를 4개씩 올려 주면 완성입니다.

생선과 채소로 어지러움을 물리치는 철분 식단

| 메뉴 |

- ★ 들깨시래깃국
- ★ 데리야키삼치구이
- 호박볶음
- 시금치수프

이런 아이에게 좋아요!

조금만 무리를 해도 코피가 잘 나는 아이들이 있어요. 문제는 철분이 부족한데도 고기를 잘 먹지 않는 아이들이라는 거죠. 아무리 철분제를 섭취해도 기본적인 식단이 받혀주지 않으면 철분 수치는 잘 올라가지 않아요. 이번 식단에는 철분이 풍부한 잡곡밥과 시금치수프, 시래깃국이 담겨있어요. 평소 어지러움이나 두통을 호소하는 아이들, 성장발달 수치가 부족한 아이들에게 아주 좋답니다.

들깨시래깃국

| 재료는? |

삶은 시래기 150g,
멸치다시마육수 1000ml,
된장 2~3큰술,
들기름 1큰술,
들깨 2큰술

좋은 무청은 싱싱한 무에서 나온 것으로 줄기와 잎이 연하고 푸른 빛을 띠는 것이 좋아요. 무청을 말린 시래기에는 일일 철분 권장량의 72.5%가 들어있고, 비타민 A는 70%, 칼슘은 33.5%가 들어있어서 시래기를 섭취하는 것만으로도 우리 몸에 부족한 영양소를 공급해 줄 수 있답니다. 잘 말린 무청 시래기는 된장과 잘 어울리지요. 시래기를 넣어 된장국을 끓이면 구수한 맛의 풍미를 내고, 된장에 부족한 비타민을 보충해 줍니다.

❶ 한 번 삶아낸 시래기는 물기를 꼭 짜고, 아이가 먹기 좋게 잘게 썰어둡니다.
❷ 볼에 잘라둔 시래기를 담고 들기름 1큰술, 된장 2큰술을 넣어 버무립니다.
❸ 된장은 기호에 따라 가감할 수 있습니다. 된장에 버무린 시래기는 약 30분 정도 숙성시킵니다.
❹ 멸치 다시마 육수를 끓입니다.
❺ 육수가 끓으면 버무려 놓은 시래기를 넣고 팔팔 끓입니다. 중간에 나오는 거품은 잘 걷어내 주세요.
❻ 들깨 2큰술을 넣고 한소끔 더 끓여 마무리합니다.

데리야키삼치구이

| 재료는? |

삼치 3토막,
양파 $\frac{1}{2}$개,

—

대파 1대,
다시마 1조각,
간장 4큰술,
설탕 2큰술,
맛술 1큰술,
물 3큰술

고등어, 꽁치와 함께 대표적인 등푸른생선인 삼치는 DHA가 풍부해 성장기 어린이의 두뇌발달에 큰 도움을 줍니다. 특히 10월부터 살에 기름이 오르기 시작하는 삼치는 겨울에 가장 맛있는 생선이에요. 고등엇과의 생선이지만 고등어보다 수분이 많고 부드러우며 고등어보다 비타민D의 함량이 2배가량 높아, 요즘처럼 미세먼지 때문에 바깥 활동이 적은 아이들에게 영양 만점 생선이랍니다. 달콤하고 짭조름한 데리야키소스는 생선의 비린 맛을 싫어하는 아이들도 특별한 거부감 없이 먹을 수 있도록 도와준답니다.

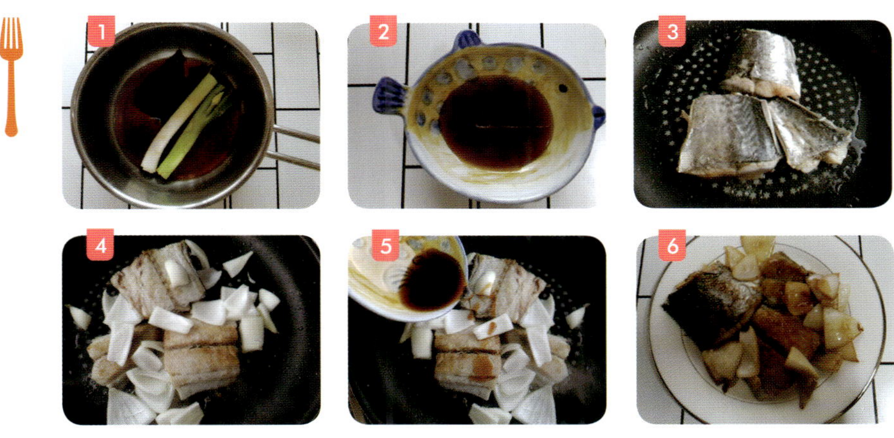

❶ 냄비에 데리야키소스 재료를 모두 담고 끓입니다. 국물이 한번 팔팔 끓은 뒤 자작하게 졸아들면 불을 끕니다.
❷ 1번 재료를 종지에 국물만 따로 담아 한 김 식힙니다.
❸ 예열된 팬에 기름을 살짝 두르고 삼치를 앞뒤로 노릇하게 굽습니다.
❹ 삼치가 적당히 익으면 양파를 잘게 썰어 팬에 올립니다.

기호에 따라 채소는 더 다양하게 준비해도 됩니다.

❺ 양파가 반쯤 투명해졌을 때 준비한 데리야키소스를 두르고 한 번 더 구워주세요.
❻ 접시에 담아 완성합니다.

28 셔츠와 넥타이 식판

"아기자기한 달걀 셔츠와 케첩 물방울 넥타이 식판!"

이번 캐릭터는 야근하는 아빠가 보고 싶어 아빠의 셔츠를 끌어안고 잠이 든 아이를 보며 만들었어요. 대한민국의 모든 부모가 그렇듯, 가정을 꾸리기 위해 밤낮없이 일하는 부모들이 많죠. 아이가 자라는 순간은 다시 돌아오지 않을 소중한 시간이지만, 아쉬운 마음 가득 안고 아이와의 시간을 뒤로 한 채 열심히 일하는 모든 엄마, 아빠들을 늘 응원합니다.

엄마의 셔츠와 넥타이 스케치!

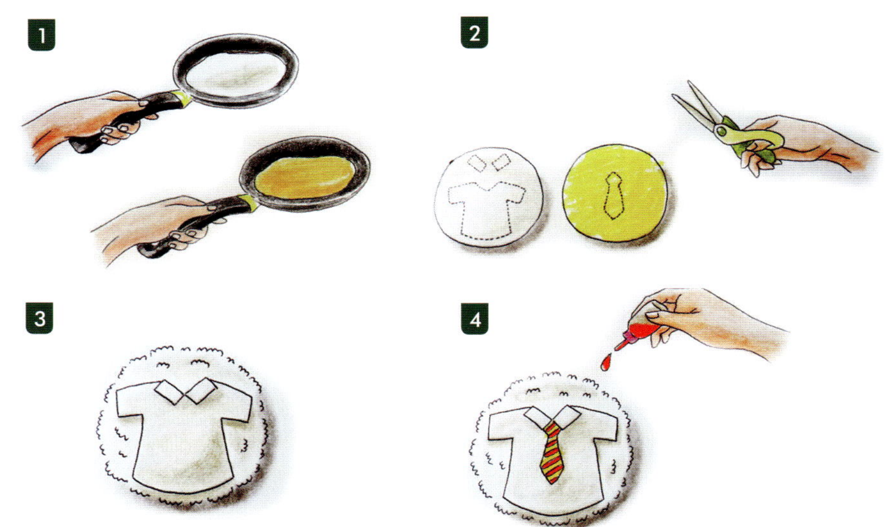

❶ 달걀을 흰자와 노른자로 나누어 지단을 부칩니다.
❷ 흰자 지단을 셔츠 모양으로 잘라 주고, 노른자 지단을 넥타이 모양으로 잘라 줍니다.
❸ 밥 위에 잘라 놓은 와이셔츠 모양 지단을 올리고, 그 위에 넥타이 모양 지단을 올립니다.
❹ 케첩으로 넥타이의 줄무늬를 그려 주면 완성입니다.

개운한 맛으로 영양 충전하는 국수 식단

메뉴

★ 안 매운 해물짬뽕
단무지무침
★ 두부스팸달걀말이
케이준치킨샐러드

이런 아이에게 좋아요!

밥은 잘 먹지 않아도 면을 좋아하는 아이를 위해 맵지 않은 짬뽕을 준비했습니다. 해물짬뽕에 들어가는 바지락 살에는 아이들의 몸에 부족하기 쉬운 아연이 가득 담겨 있어요. 시원하고 개운한 맛의 국물에 통통하고 쫄깃한 가락국수를 넣어 담백하고 진한 맛을 느낄 수 있지요. 면을 좋아하는 아이에게 칼칼한 엄마표 짬뽕으로 영양을 듬뿍 챙겨주세요.

안 매운 해물짬뽕

| 재료는? |

대파 1대, 양파 $\frac{1}{2}$개, 애호박 $\frac{1}{3}$개, 무 100g, 알배추 잎 5장, 표고버섯 한 줌, 멸치다시마육수 1000ml, 오징어 $\frac{1}{2}$마리, 바지락 살 70g, 가락국수 200g, 다진 마늘 1작은술, 굴소스 1큰술, 국간장 1큰술

아연은 우리 몸에 부족하기 쉬운 영양소 중 하나이기 때문에 음식으로 자주 섭취하는 것이 좋은데, 특히 바지락에 많이 들어있어요. 아연은 신진대사를 촉진해 아이들 성장을 도우며, 호르몬의 합성과 분비, 면역력 향상에도 효과적입니다. 헤모글로빈을 구성하는 철분 또한 많이 들어있어 빈혈 예방에도 탁월한 효능이 있지요. 바지락의 타우린 성분을 많이 섭취하려면 조갯살과 국물을 같이 먹는 것이 좋습니다. 부드럽고 쫄깃한 면은 아이의 미각을 자극해 국물 요리 섭취에 도움을 줄 수 있어요.

❶ 대파는 잘게 다지고, 양파와 애호박은 채를 썰어줍니다. 무와 알배추는 적당한 크기로 썰고, 표고버섯은 얇게 썰어 준비합니다.

바지락은 아이가 먹기 좋게 껍질을 벗겨 살만 준비했습니다. 기호에 따라 굴이나 다른 해물을 추가해도 좋습니다.

❷ 예열한 팬에 기름을 두르고 다진 대파를 볶아 파기름을 낸 뒤 양파, 애호박, 알배추 순서로 넣고 잘 볶습니다. 채소들이 너무 흐물거리지 않고 숨이 살짝 죽을 정도로만 볶습니다.

❸ 3번 재료에 굴소스 1큰술을 넣고 한 번 더 볶아줍니다.

❹ 4번 재료에 준비된 육수를 붓고 무를 넣어 약 10분간 팔팔 끓이고 국물이 끓기 시작하면 표고버섯과 해물을 넣고 3분간 더 끓입니다.

❺ 가락국수는 미리 삶아서 찬물에 헹궈 물기를 뺍니다.

끓이며 올라오는 거품은 잘 걷어내어 줍니다.

❻ 국간장으로 간을 맞추어 마무리합니다.

❼ 국물이 완성되면 삶아 놓은 면 위에 국물을 부어주세요.

두부스팸달걀말이

| 재료는? |

스팸 70g,
두부 70g,
김밥용 김 1장,
달걀 2개

햄을 싫어하는 아이는 거의 없죠? 그런데 두부를 싫어하는 아이는 생각보다 많을 거예요. 햄과 두부를 함께 넣어 달걀말이를 해주면 아이들이 두부도 잘 먹습니다. 모양도 너무 예쁘고 맛도 좋은 두부스팸달걀말이는 소풍 도시락에도 활용하면 안성맞춤이랍니다.

1. 두부와 스팸은 긴 정사각기둥 모양으로 길이를 똑같이 잘라주세요. 길이는 김밥용 김을 반 잘랐을 때의 길이로 맞춰주시면 됩니다.
2. 끓는 물에 두부를 약 5분간 데치고 건져주세요.
3. 똑같이 끓는 물에 스팸을 약 5분간 데쳐주세요.
4. 김밥용 김을 반 잘라 그 위에 스팸과 두부를 나란히 놓고, 그 위에 다시 두부와 스팸을 올려주세요.
5. 4번 재료를 돌돌 말아주세요. 위에서 보면 체스판 모양이 됩니다.

   김의 끝부분에 물을 살짝 묻히면 잘 붙습니다.

6. 팬에 기름을 살짝 두르고 달걀물을 지단 부치듯 펴주세요. 그 위에 5번 재료를 올리고 돌돌 말아 달걀말이를 만들어주세요.
7. 자르면 햄과 두부가 격자무늬로 들어간 모양이 나옵니다.

Fisher-Price
Fisher-Price
CHARACTER COOKING

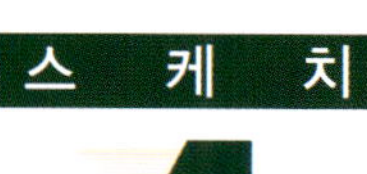

4 캐릭터 앨범

책에서 소개해드린 캐릭터 요리법 말고도
캐릭터 구상법은 정말 무궁무진합니다.
하지만 매일 새로운 캐릭터를 만든다는 것은
엄마에게 큰 부담으로 다가오지요.
그래서 준비했어요.
총 65개의 식판 사진이 담긴 캐릭터 앨범입니다.
아이들 캐릭터 구상이 막막할 땐
이 앨범을 참고하세요!

엄마 식당은 늘, 봄봄봄

차디찬 겨울을 이겨 낸 뒤에 찾아오는 '봄'이라는 계절이 주는 즐거움은 정말 큽니다. 돋아나는 새싹의 눈을 보며 가슴 두근거리는 설렘을 느끼고 곳곳에 피어나는 노란 개나리와 벚꽃 흩날리는 거리에는 아름다움이 만발하지요. 따듯해진 날씨에 한층 가벼워진 옷을 걸친 아이들의 활기찬 발걸음과 온 동네를 가득 채우는 웃음소리들. 추운 겨울을 버티며 기다림과 기대를 품을 수 있다는 점이야말로 봄의 진정한 행복이 아닐까요?

매일 아침 눈을 떠 일터로 향하는 도돌이표 같은 하루, 그 시간을 견딜 수 있게 해주는 가장 큰 원동력은 일을 끝마치면 다시 가족이 있는 집으로 갈 수 있다는 기대감입니다. 마찬가지로 아직은 어려서 늘 엄마 품이 그리운 아이들을 위해 저는 항상 즐거운 저녁 밥상으로 그 기대감을 주고자 해요.

냉장고 안의 식재료로 만들 수 있는 캐릭터는 생각보다 무궁무진합니다. 만드는 방법도 별로 복잡하지 않아 손재주가 좋지 않아도 쉽고 예쁘게 만들 수 있어요. 항상 해오던 식사 준비 시간에서 딱 10분만 더 투자하면 편식하는 아이를 어르고 달래가며 치르던 식사 시간을 더 즐겁게 바꿀 수 있어요.

책 안에서 모두 다루지는 않았지만, 누구나 쉽게 따라 할 수 있는 몇 가지 캐릭터 식판들을 더 보여 드릴게요! 앞서 소개했던 캐릭터 식판을 하나씩 차근차근 만들어 보았다면 "아, 이 캐릭터는 이렇게 하면 되겠구나"라고 자연스럽게 캐릭터 스케치가 떠오르실 거랍니다. 여러분도 여러분과 아이만의 사랑스러운 캐릭터를 만들어, 아이의 식판에 즐거움을 더해 보세요!

LOVE

엄마가 꾸며주는

캐릭터 식판식

초판 1쇄 인쇄 2019년 4월 22일
초판 1쇄 발행 2019년 5월 1일

지은이 문채연

펴낸이 김영철
펴낸곳 국민출판사
등록 제6-0515호
주소 서울특별시 마포구 동교로12길 41-13(서교동)
전화 02)322-2434
팩스 02)322-2083
이메일 kukminpub@hanmail.net
블로그 blog.naver.com/kmpub6845

편집 고은정, 박주신, 변규미
디자인 블루
경영지원 한정숙
종이 신승 지류 유통 | **인쇄** 예림 | **코팅** 수도 라미네이팅 | **제본** 은정 제책사

ISBN 978-89-8165-629-4 (13590)

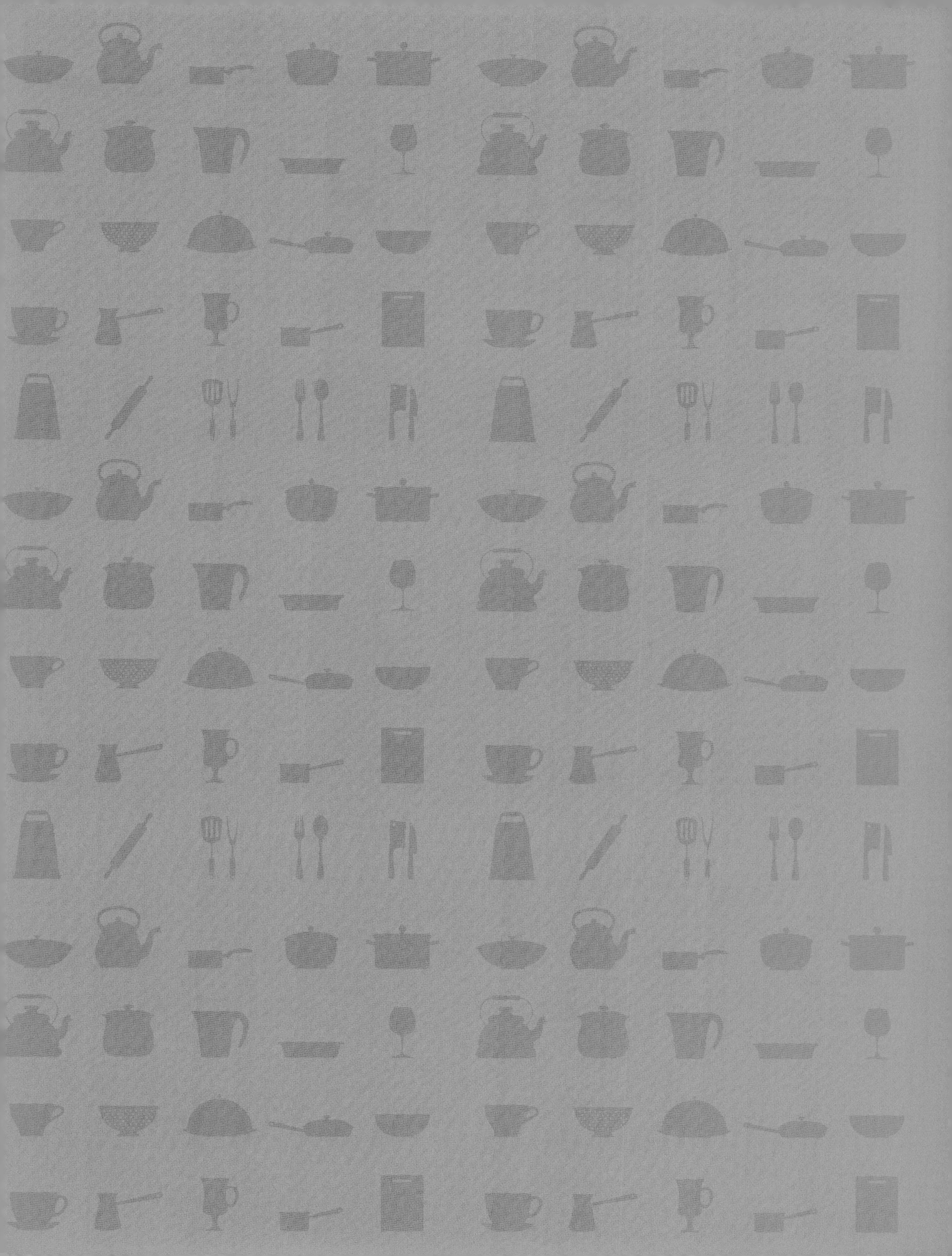

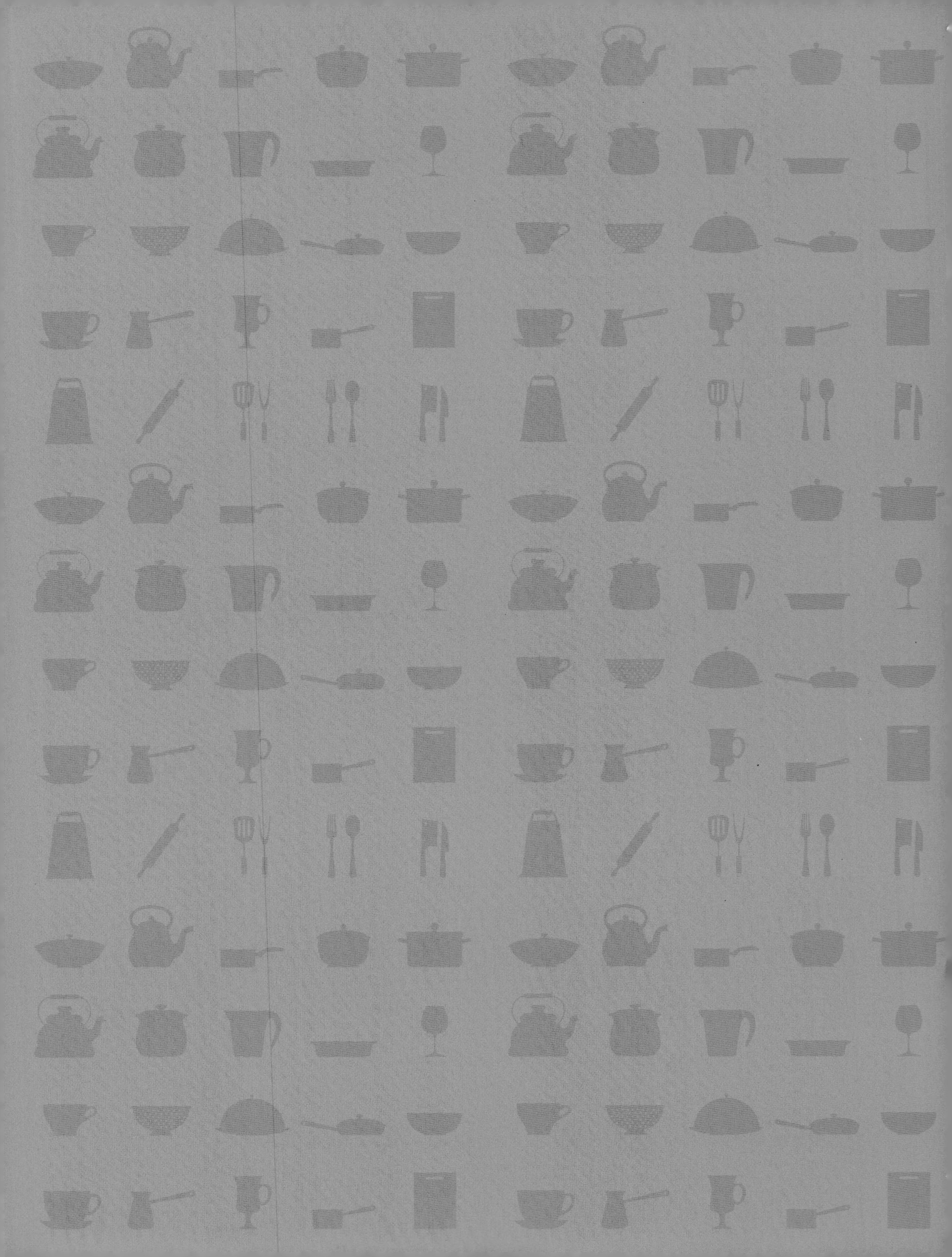

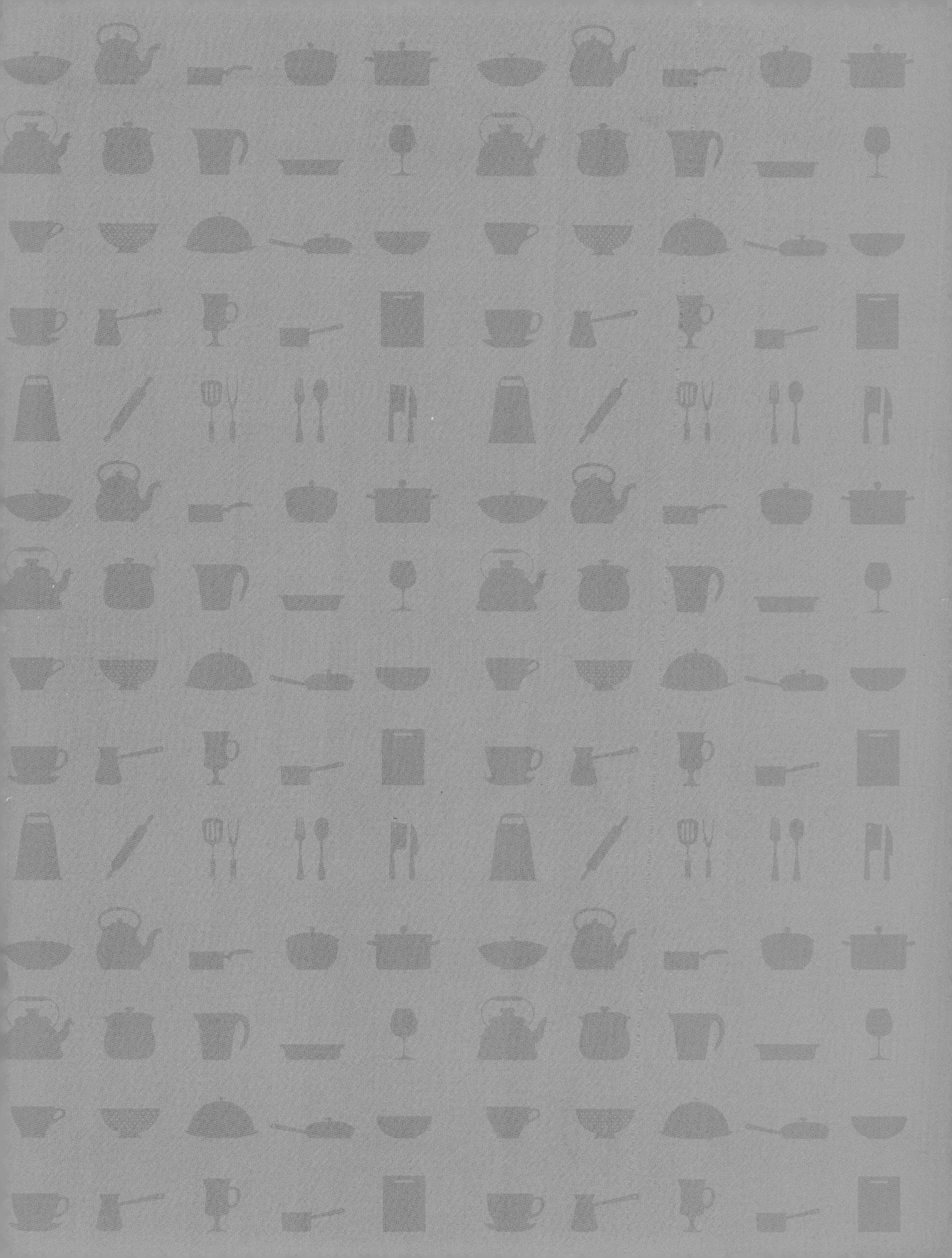

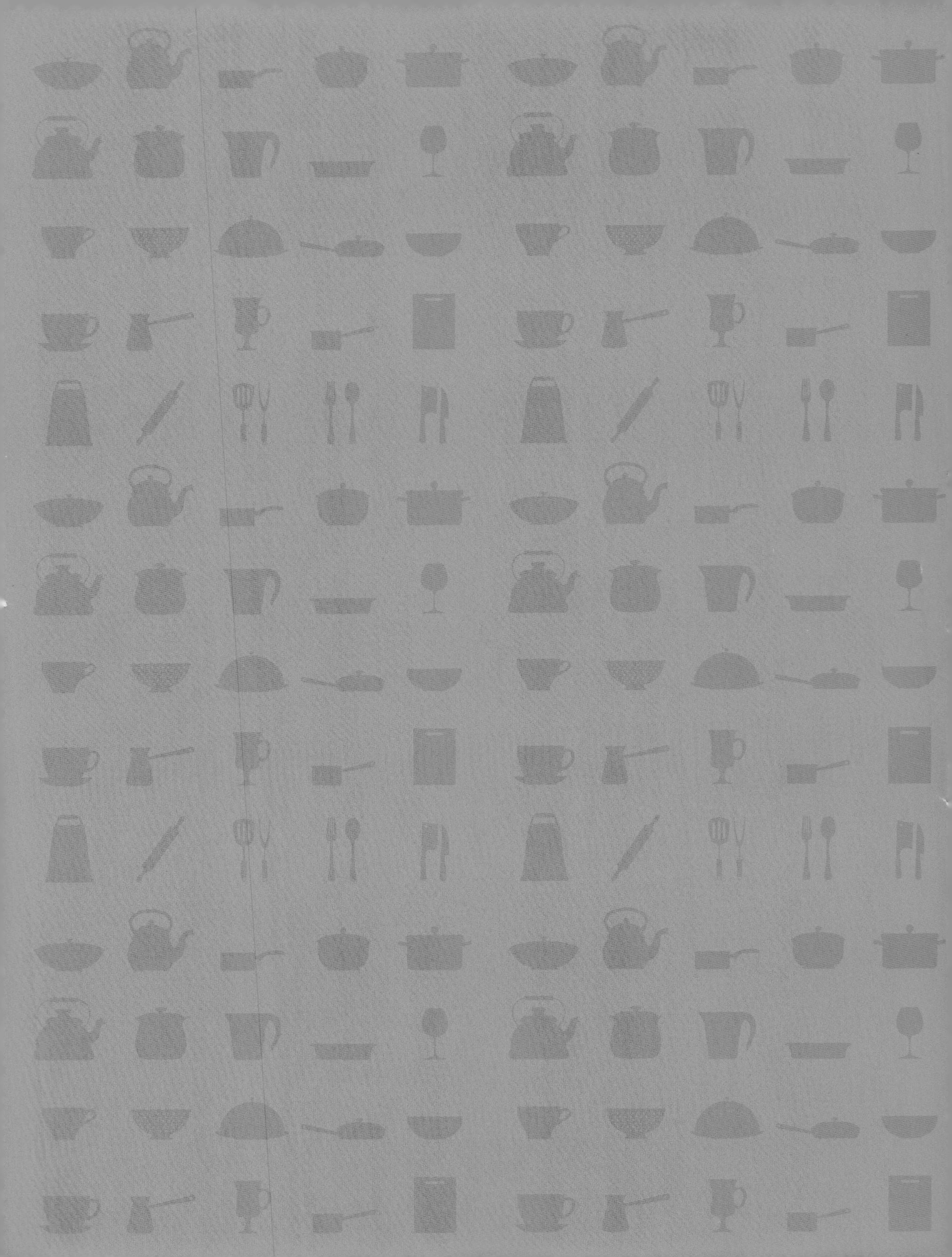